John William Gardner

SELF-RENEWAL

The Individual and the Innovative Society

成長しつづけるための考え方

自己革新

［新訳］

ジョン・W・ガードナー

スカイライト コンサルティング(株)

矢野陽一朗 訳

英治出版

SELF-RENEWAL

The Individual and the Innovative Society

by

John W. Gardner

Reissued as a Norton paperback 1995
Japanese translation rights arranged with John Gardner c/o
Sterling Lord Literstic, Inc., New York through
Tuttle-Mori Agency, Inc., Tokyo

日本語版序文

スタンフォード大学経営大学院　名誉学長
フィリップ・H・ナイト教授
ロバート・L・ジョス

ジョン・W・ガードナーに初めて会ったのは二十六歳の時だった。私は若く、理想に燃え、世界にインパクトをもたらしたいと思っていた。

当時、ジョンは五十五歳だった。とても思慮深かったが、私と同じように理想に燃え、アメリカ社会に確実に大きなインパクトをもたらしていた。そんな彼に私は憧れた。彼という人物そのもの、彼が示す模範、そして彼が他人を鼓舞し、限界を超えさせるやり方に憧れたのだった。それから三十四年のあいだ、日に日に私の憧れは大きくなり、社会に大きなインパクトを与えつづける彼の能力に驚かされつづけた。政府の高官として、財団の理事として、大学教授として、「コモン・コーズ」や「インディペンデント・セクター」などの意義深い団体の創設者として、また才能ある作家として――生涯を通じて、私たちを駆り立て、鼓舞することをやめなかった。彼のことを「アメリカの教師」と呼ぶ人もいた。私もこの表現は適切だと思う。しかし彼はただの教師ではなかった。偉大な教師だった。インディペンデント・セクターの共同創設者、ブライアン・オコネルは、次のように述べている。「彼は、ドリーマーであると同時に教えることもできた。教師であると同時に書くこともできた。そして、作家であると同時に共通の夢を実現させるために組織を作り、改革運動を起こすことのできる人物だった」

ジョンの最初の著作『優秀性（*Excellence*）』（讃岐和家訳、理想社、一九六九年）は、一九六一年に刊行された。このなかで、彼は基準を高く掲げることの重要性と、優秀さ《エクセレンス》を追求する上で民主主義が直面する課題について探究した。その後の著作でも、彼は個人、組織、そして社会全体について、この問題に取り組んだ。彼は、個人の要求を満たすことと、社会からの要求に答えることの間に生まれる、複雑だが重要な相互作用について説明することに長けていた。そして、基準を高く掲げるだけで満足してはいけないと警告した――献身的な行動が必要であり、無関心は文明を衰退に向かわせかねない、と。数年後、彼は本書『自己革新（*Self-Renewal*）』を書いた。私にとって、この本は彼の著作のなかでおそらく最も大きなインパクトを持つ。革新《リニューアル》は、ジョンが個人的にも職業的にも大きな関心を寄せたテーマである。この本のなかで、彼は挑戦的な問いを立てた。「個人、組織、社会のなかには、成長をつづけ、成熟するとともに繁栄するものもあれば、衰退し、活力を失ってしまうものもある。これはいったい、なぜだろう？」この問いは、ジョンが一九六四年に初めて発したときよりも、現代のほうがより重要になっているように思える。

『優秀性』と同じく、『自己革新』は個人の要求と社会からの要求の間を、行き来しながら論じている。健全な社会は、健全な個人を必要とする――そして、その逆もまた真である。しかし結局のところ、社会を創るのは個人なので、ジョンは個人についてかなり重きを置いている。彼は、健全さを持続する鍵は革新しつづけること、つまり変化が求められているという事実と向き合い、自分自身と自分の社会が変化することを喜んで受け入れることであると言っている。彼はまた、健全さを保つ別の要素は、目的、意義、献身を伴った人生を生きることであると言っている。そして、この三つは切り離すことができない。私たちのほとんどにとって、目的とは意義のある人生を生きることである。ジョンは、何かに対して身を捧げること——特に、自分たちの社会や、コミュニティや、自分より大きな何かに対して身を捧げること——を通じて、自分の人生に意義を見出しなさいと言っている。

ジョンの他の多くの著作や業績と同じように、彼のメッセージには危機感があると同時に希望にあふれている。自己満足、悲観主義、硬直性、そして変化や失敗に対する恐れは衰退を招く。これらについて警鐘を鳴らすという意味で、彼のメッセージには危機感がある。彼はまた、個人と社会がともに救うべき何かについてビジョンを共有できなければ、個人や社会が自ら革新することはできないと警告した。非常に有能な人々が、自らのコミュニティの健全さについて、何も考えずに人生を送っているかもしれないということは彼の最大の懸念だった。これは特に現代にも当てはまるように思える。しかし同時に、彼は一貫して希望の笛を吹きつづけている——衰退は避けられないものではなく、革新は可能であり、共通の価値観や心構えは私たちを団結させることができる。そして人生を通じて革新を追求し、自分以外の何かに対して身を捧げることが、まさしく人生を豊かにし、意義と成長をもたらすのだ、と。今日、このことを忘れないために、私たちは何千人ものジョン・ガードナーを必要としている。彼が晩年の著作で表現していたように「世界を駆り立てつづける」ことが必要なのだ。

一九九九年、私は銀行家としての長いキャリア——取締役を務めたサンフランシスコのウェルズ・ファーゴでの二十二年間と、CEOを務めたシドニーのウェストパック銀行での六年間——を引退した。そして、スタンフォード大学経営大学院の学長に就任するため、オーストラリアから移り住んできた。それは、ジョンとともに過ごすさらなるチャンスを私にもたらした。当時彼は、教育学大学院の事務局を統括していたのだ。はじめの頃、彼と私はリーダーシップについて話した。それは彼が特に注力していたテーマだった。MBAの授業でリーダーシップについて教えることを勧められたが、当時の私には難題だった。すると、ジョンは繰り返し友人である私たちを励まし、居心地のよい現状《コンフォートゾーン》を離れて、挑戦するように働きかけた。そうすれば、私たちと社会が同時によりよくなることを知っていたのだ（私はそう確信している）。私はそれ以来、リーダーシップについて十二年間教えてきた。この使い古されたトピックについて書かれた本は、それこそ何万冊もある。しかし、私がどう取り組むかを考える上で主に参考にしたのは、当然ながらジョン・ガードナーとその著書であった。

これまでのキャリアのなかで、私はリーダーとしての役割をいくつも務めてきたが、リーダーシップを学び、教えることによって、その意味をさらによく理解することができた。ジョンのリーダーシップに関する洞察は、そのほとんどが私個人の経験と共鳴する。彼の観察のなかでも私が特に好きなのは、「教師としてのリーダー」「芸術家としてのリーダー」という考えだ。「リーダーは、教えることと売り込むことを沢山やらなければならない」と彼は言った。フォロワーは、成功するために信頼や自信を必要としている。リーダーは、彼らとつながるために言葉を見つけなければならない。リーダーはフォロワーを獲得しなければならない。フォロワーは、リーダーに与えられるものではない。部下が上司に与えられるのとは違うのだ。彼はこう言った。「偉大なリーダーはみな、明快に教えることができる――そして偉大な教師はみな、人を導くことができる」

ジョンは、リーダーシップとは芸術《アート》であり、科学ではないと信じていた。さらに言うと、リーダーとは楽器であり、リーダーシップとは演奏であると見ていた。そして、楽器をうまく演奏するには、それをよく知っていなければならない、と考えていた。これが、『自己革新』と晩年の著作『リーダーシップの本質（*On Leadership*）』（加藤幹雄訳、ダイヤモンド社、一九九三年）

が結びつくところである。自己革新できる個人は自らをよく知り、探究や学習を恐れず、成長のために失敗することを恐れない。自己革新できる個人には信念があり、自分が深く関心を寄せることに取り組んでいる。これが、後に続く人々を惹きつけるのだ。リーダーシップを発揮する上で、革新はとりわけ重要なのである。

ニューヨークで開催されたジョン・ガードナーの追悼式で、ビル・モイヤーズ(1)は次のように述べた。「私は、あれほど若くして彼と出会い、長く付き合うことができて幸運だった。彼は私に教えてくれた。最良の人生を送る方法とは、未来をより大胆に想像し、その実現に向けて自分にできることをやるために、毎朝目覚めることである、と」。私はここで、ビルの言葉を繰り返したい。ジョンと私自身の関係を思い返すとき、これよりうまく表現することができないからだ。

1　一九三四年〜。アメリカの伝説的ジャーナリスト。リンドン・ジョンソン政権の報道官として、ジョン・ガードナーとともに働いた。政府とメディアの関係に失望し、政権を離れた後はジャーナリストとしての活動をはじめ、NBC、CBSのニュース解説者として活躍。公共放送局PBSでは数多くの名番組をプロデュースした。エミー賞の受賞歴は三十回以上。現在もなお辛口の独立ジャーナリストとして活躍中。

『自己革新』が新訳版となって刊行され、ジョン・ガードナーとその業績や著作が読者のみなさんに届けられることをとても嬉しく思う。ジョンはアメリカの読者に向けて、特にアメリカ人と民主主義の関係に興味を持ってこの本を書いたが、彼の優れた観察と忠告は、日本を含めた多くの社会にも当てはまると信じている。現代の日本では、個人の革新も、社会の革新も、どちらも多くの人々が意識しているテーマのはずだ。一九六五年に、保健教育福祉長官に就任するためにワシントンに来たとき、ジョンは次のように述べた。「私たちの目の前にあるのは、解決できない問題であるかのように偽装された、息を呑むような機会の数々である」と。「息を呑むような機会の数々」をとらえ、手を取り合って前進する人々を、日本とアメリカが今ほど必要としている時はないだろう。

二〇一二年三月

自己革新〔新訳〕◆目次

日本語版序文　1
改訂版序文　15
はじめに　27
第1章　成熟、衰退、革新　33
第2章　自己革新　45
第3章　多面的能力　67
第4章　イノベーション　77
第5章　革新を阻むもの　103
第6章　圧制者なき圧制　123

第7章　革新の条件　143
第8章　革新のための組織づくり　157
第9章　個人主義とその限界　173
第10章　献身と意義　189
第11章　未来に対する心構え　205
第12章　道徳の衰退と革新　223
訳者あとがき　244
年表・著作　253

＊訳注は本文脇に番号を振り、左頁小口に記載している。
＊内容を理解しやすくするため、一部の見出しを原書から変更し、
また原書にない見出しを追加した。

アイーダに捧げる

改訂版序文

かつてギリシャの哲学者ヘラクレイトスは、「同じ川に二度入ることはできない」と言った。それから二十五世紀を経てもなお、思想家たちは変化から逃れることはできないという事実を噛みしめている。生命と世界は絶えず流れつづけ、進化しつづけている。

いまや私たちはその真実をつかんだに違いない。しかし、私たちがそれを好むかどうかについては、迷いがある。私たちのなかには、変化に対して激しく抵抗する自分がいる。同時に、変化を歓迎し、それを爽快に感じ、求めようとする自分もいる。後者の特質こそが、種を保存していくのだ。

変化という現実に向き合えないと、手ひどい代償が待っている。人は自分の頑固さにとらわれる。すばらしい制度であっても、堕落する。文明は崩壊する。だが衰退は避けることができる。革新があるからだ。

私は本書で、組織と社会の衰退と革新について、他のことにも触れながら論じていく。しかし、これはとりわけ個人に関する本である。社会は個人によって創られ、活性化していく。そして社会は個人によって衰え、破滅していく。そう、これはあなたについての本なのだ。

何があなたを閉じ込め、解放するのか。変化にどう向き合うべきか。どのようにして活気が失われ、取り戻されるのか。そういったことについて書く。

堕落を招く要因は強力で、あらゆる人に例外なく当てはまる。堕落を迎え撃つことはできるが、消し去ってしまうことはできない。富や権力や地位といった名誉や、その他あらゆる世間的な保証をもってしても、避けることはできない。実際、堕落というものは、世間的な保証が最も保たれているように思えるところにこそ、最も早く広がる、と言いたくもなる。

変化を受け入れる人々にとって、終わりのない学習やチャレンジは、生き残り、考え、目を見開き、備えるための手段である。人生というものは、列車で旅するようにはいかない。目的地を選び、切符を買い、座席に座って居眠りをしていればよいというわけにはいかないのだ。人生はオートバイで旅するようなものだ。シートにまたがり、でこぼこ道に絶えずバランスをとりながら、進むべき道を考えつつ進むのである。簡単ではない。ときには苦痛ですらある。しかし、人生を寝て過ごすよりは、ずっとましだ。

本書の初版を書いたとき、私は個人と社会の活力と衰退について、普遍的な源は何かということに関心があった。その本質は、当時からまったく変わっていない。私が当時書いたことは、大体において今も有効である。しかし、このテーマとともに何年かを過ごすうちに、この本のなかで強調したいところや、注釈を加えたいところが出てきた。この序文で、それを示したいと思う。

本書を通じて、革新は多くの要因に左右されると述べているが、私は特に大切なものとして、モチベーションを挙げたい。もし人々が無関心で、精神を打ちのめされ、あるいは未来を努力に値するものと思えないならば、人生に勝ち目はないだろう。そのような精神や意思の崩壊から、どれだけ無縁でいられるかを探求するのも、意味のあることだ。

はじめに、私は現実的な楽観主義というものの重要性を強調しておきたい。現実的であることと楽観的であることは、ともに非常に重要である。初めての失敗によってくじかれてしまうような過大な希望は必要ない。私たちは自分自身を信じなければならないが、人生を信じないことはたやすい。歴史上、大成功が保証されたためしなど、ないのである。人生の問題に万能の解決策はないし、私たちは完璧ではない。

しかし成功が保証されていないことと、絶望して諦めてしまうことは、まったく別である。

トルストイの『戦争と平和』で、アンドレイ公爵はフランス軍に敗れたアウステルリッツの戦いについて「私たちは、自分自身で負けたと言ったから負けたのだ」と言った。軍事的にはそれほど単純ではなかったが、要点を突いている。

未来は、確固とした強い自信を持った人々によって形成される。その自信は、自らの努力が無駄にならないであろうととらえる冷静さの上に成り立っている。彼らは失敗や敗北を認めるが、それによって自信をなくすのではなく、決意を強める。希望と、活力と、不屈の精神を併せ持つことで、未知の成果を生み出す冒険に、進んで自らの人生を賭けるようになるのだ。もしも私たちの祖先が行動を起こす前に後ろを振り返っていたりしたら、私たちは今でも洞窟にしゃがんで壁に動物の絵を描いていたことだろう。

つぎに、私は持続力を強調したい。スタミナは詩人たちが賛美するような特質ではなかったかもしれないが、人類の歴史には大いに関係している。一人ひとりの人生にとっても、同じように関係がある。

永遠に安全なものなどない。人生は騒々しい。絶え間なくバランスを失っては、取り戻すことの繰り返しである。約束された勝利などなく、もがきつづける。この事実に向き合い、力の限り努力して打ち克つために、私たちは強い意欲を持たねばならない。

しかし、仮に私たちの価値観や信条が弱められ、努力するに値しないと思われるようになってしまうと、こうした努力を続けることなどできないだろう。概して、人は自分の努力の妥当性や、生きる価値や、試みる価値について、つねに検証しながら生きるものである。人々の集まりを社会に変えるのは、共通の価値観や目的や信条から生まれる絆である。

毎年、何百万人ものアメリカ人が首都ワシントンを訪れ、この国の聖堂を巡る。リンカーン記念館、ワシントン記念塔、国会議事堂。しかし、この国の精神は、これらの建物に宿っているのではない。これらの建物に訪れる市民の意識のなかに宿っているのだ。これこそが、活力ある社会の源である。そして、これが尽きれば、社会も終わりを迎えてしまうのである。彼らが信じることをやめ、忠誠を失い、無関心になれば、これらの記念碑は意味のない石の山でしかない。そして、アメリカ人が慣れ親しんだ独立宣言以来の冒険的な取り組みは、石のように生気を失ってしまうだろう。

そのようなことは、起こりうるかもしれないが、起こってほしくはない。共通の信条や価値観は衰退しやすいものだが、再び生み出しやすいものでもある。人類は価値体系の創造と革新について、才能がないわけではない。おそらくそれは、最も人間らしい活動であろう。しかし、変化の激しい世界にあっては、たゆみない努力が求められるのだ。

かつては、一つの世代が生み出した価値体系に、それに続く何世代もが疑いなく従い、生きることができた。それはまるで、一つの世代が家を建て、それに続く何世代もがその家に住みつづけ、やがて家を建てる能力を忘れてしまうようなものだった。今日では、私たちはいわば地震や竜巻が頻繁に襲う土地に住んでいる。各世代が家を建てる能力を磨きつづけ、ほとんど継続的に再建しつづけなければならない。

これまで私が述べたことは、個人の姿勢や価値観にもあてはまるだろう。本書は、さらに国家体制の革新について、その施策やプロセスについても取り上げている。これらのトピックについて、ここでは何点かを短くコメントするにとどめる。

私たちの建国の父たちは、継続的な革新についてきわめて優れた仕組みを残してくれた。全体主義の体制は、短い期間で華々しい社会変化を達成するだろう。しかし、長く、継続的な革新を実現するには、自由や、多元性や、個人の尊重などが欠かせない。

自由には権力の抑制や統制が必要だ。それを実現するために、人類は何世紀にもわたってさまざまな手段を試してきた。その結果、二つの戦略が他よりも優れていることが明らかになった。一つは国家体制を整え、憲法などの法によって権力を制限することである。

もう一つの戦略は、権力を分散することである。これは革新にとって重要な示唆を含んでいるので、少し紙幅を費やして説明したい。私たちの社会では、権力を分離し、抑制と均衡を働かせ、参政権を平等に与え、活発で独立した民間部門や、市場や、個人の資産保有や、投票権を超えたさまざまな形の政治参加が法で認められている。権力の分散は終わりのない作業である。決して、長く分散されたまま止まることがないからである。当然ながら、独裁主義体制のもとでは権力は断じて分散されない。

私たちが、いくら政府のなかに抑制と均衡の仕組みを組み込んだとしても、権力が濫用される可能性を排除することはできない。したがって、政府の外に、権力の源と力強い声を置かなければならない。それができるのは民間部門だけだ。民間部門であれば、政治的な力があまり影響を及ぼさない場所を確保できる。それは、私たちが重きを置く多元性の苗床《なえどこ》であり、温室である。

多元性は、さまざまなイニシアチブや、組織や、対立する主義主張や、競争関係にある経済主体の存在を促すための、社会的な戦略である。独裁主義体制のもとでは、一つの権力、一つのイニシアチブ、一つのイデオロギー、そして一つの「正しい」答えがあるのみである。

私たちの多元的なシステムのもとでは、市民は新しい団体を作ることができ、人気のないアイデアも表現でき、宗教団体はその信仰を深く追求できる。また教育機関は独立して機能でき、営利企業や非営利企業は自由に栄え、失敗することができる。

民間部門の担い手として広く認知されているのは、社会の経済活動に直接かかわっているビジネスパーソン、農民、労働組合員などである。しかし、最近では非営利セグメントが、新たな存在として認められつつある。営利セグメントと同じように、非営利セグメントの組織も非常に多元的である。病院、博物館、宗教団体、市民団体、有名大学、市民グループ、研究所、社会福祉事業者などである。

その規模と多様性において、非営利の世界はいかにもアメリカらしい。自発的に互助組織を形成しようとするアメリカ人に深く浸み込んだ慣習から生まれるからだ。目的はなんであれ、ともに行動することを通じて達成しようとする。

この非営利セクターは、革新の宝庫である。ビジネスや政治の世界では、物議を醸したり、人気がなかったり、風変わりなアイデアは、およそ生き残ることはできない。しかし非営利セクターでは、そのようなアイデアであっても、わずかな数の賛同者を見つけ、成熟するまで育むことができるかもしれない。そこでは、革新者や、一匹狼や、日の当たる場所を求めて闘わなければならないと考えている集団や、右翼・左翼双方の批評家や反対者などを心地よくかくまってくれる。そして、そのような個人やグループからこそ、私たちの社会や世界を一世紀にもわたって支配するようなアイデアが生まれてくる、と期待できるのだ。一般的に言って、偉大な社会変革というものは、ほとんど支持者がいないところから始まる。

とてもうまくいっている社会でさえも、年月を経ると新たな解決策を探さなければならなくなるだろう。生物の種が遺伝子のなかにすばらしい適者生存の可能性を保持しているように、社会もまたその内部に、未来に利用できるかもしれない選択肢の幅を持つべきである。新しい考えや、新しいものごとのやり方は、いま認められている理論の正しさを検証し、状況が変わったときに使うことのできる代替策のストックになるのだ。そこに多元性と社会の革新との関連性がある。

活発に批判する習慣は、社会の革新に欠かすことができない。国を愛するあまり、活力に満ちた批判を遮ってしまうような国民は、自国を救うことができない。しかし、愛のない批判、破壊力はあるが制度を育て、強化し、繁栄させることのできない批判もまた、国を救うことができない。批判のない恋人や、愛のない批判家は、社会の革新を促すことはできないのである。

私たちの伝統では、どのような市民グループであっても、問題を見つけ、解決策を提示し、その正しさを残りのすべての国民に説得しようと試みることができる。この伝統のよいところは、死刑廃止や、ポピュリズムや、婦人投票権や、児童労働の撤廃や、環境問題や、公民権運動など、さまざまな市民グループの歴史的な貢献に見られる。過去一世紀の歴史的な政策変更は、ほとんどがこうした自発的な連帯から生まれたと指摘してもよいだろう。

国民はいつも賢明とは限らない。そしていつも仲間の説得に成功するというわけでもない。歴史を変えた市民活動の一つひとつの影には、さざ波すら起こすことのできなかった幾千もの活動があったのだ。そのなかで生き残った活動は、相当な数の人々が抱いた確かな懸念に対して訴えたのである。

このようにしてみると、人々は肥沃な苗床である。アイデアは苗木である。発芽しないものもある。早い段階で枯れてしまうものもある。そして、ごくわずかな苗木が生き残り、力強く成長する。これらすべてのプロセスが、社会に新たな成長をもたらす、すばらしい源となるのだ。それは、さまざまなアイデア——よいアイデア、ふつうのアイデア、みすぼらしいアイデアなどを試すのに十分な機会を提供する。力強く大衆に訴えかけるアイデアだけが、歴史に影響を及ぼす。自由な人々のよいところは、肥沃な苗床になることである。必ずしも、期待されるほどいつも正しいわけではないし、啓発的でもないが、啓発的なものが芽生える土壌にはなりえるのである。

しかし、発芽する能力そのものは、個人の種にある。そして社会のための創造性の源は、個人のなかにある。革新は、一人ひとりが持つ、斬新さや活力から芽生える。これが本書に通じて流れるテーマである。

はじめに

先日、大学の書店で立ち読みをしていると、若々しい女子学生が友人に話しかけている声が耳に入ってきた。「本当のところ、私たちの社会と、そのなかにあるすべてのものは、衰退しつつあるのだわ」。私はまじまじと彼女を見たが、衰えている様子は微塵も感じられなかった。しかし、社会全体ではどうだろうか？

「衰退」は、いま私たちに起きていることを表す言葉ではない。私たちは、重大かつ広範囲にわたる変化を目撃しつつある。私たちの知性では、その意味するところをすべて把握するのは、ほとんど不可能だ。とはいえ、これらの出来事のほとんどについて——宇宙探査は、その華々しい例の一つである——私たちは受け身の傍観者ではなく、むしろ変化を生む手助けをしているのである。それは躍動の物語であって、退行の物語ではない。

とはいえ、私たちの社会のある部分において、無関心や、堅苦しさや、道徳の欠如から、退廃が生み出されていることは見逃せない事実である。しかし私たちは、政界や、教育界や、人種問題や、都市の再開発や、国際問題や、とりわけ一人ひとりの意識と感情のなかで、革新というすばらしい取り組みに向き合っている。それを認識できないのは、よほど見る目がないか、自己満足に陥っている人だろう。

私は、前の著作『優秀性』で、基準を高く掲げることの重要性について主張した。しかし、基準を高く掲げるだけでは不十分である。優秀さ《エクセレンス》のなかには、革新の能力とは必ずしも関連づけられない、いくつか重要なものがある。優秀さの高みに達した社会は、すでに堕落へとつながる硬直性にとらわれているかもしれない。最高の水準に達しながらも、衰退へと続く自己満足に陥っている団体もあるだろう。

私たちは、社会の成長と衰退のプロセスについて理解しはじめたところだ。成熟した社会が、どのように適応力を失い、人々の創造性を握りつぶしてしまうのかについては、十分に理解されている。また、社会がどのような条件のもとで革新を始めるのか、ということについても明らかになってきた。

しかし社会の革新は、究極的には個人に依存している。そして、いまその個人は、自分自身の問題を抱えているのである。先日見たテレビドラマでは、狂気の科学者がコンピュータの操作パネルの前に座り「個人など時代遅れだ。社会が精巧な機械のように動けば、私たちは生き抜くことができる。そのためには、個性が抑圧されなければならない」と言い放っていた。

多くの人々は、まるでオーウェル(1)やハクスリー(2)に共鳴するかのような世界観を、来るべき将来の確かな前兆として恐れている。古い価値観における個性というものが、現代の大衆社会における複雑で非人間的な欲求に耐えられないのではないかと感じているのだ。危機は現実のものであり、私たちは持てる資源をすべて動員して立ち向かわなければならない。幸いなことに、こうした資源はたっぷりとある。私たちは、現代社会において個人がさらされている危険についてよく理解しているし、それを防ぐ方法も知っている。私たちは、自分たちのために設計した組織制度に縛られることはないのである。

もし、社会が革新を実現したいと望むなら、創造的な人々にとって居心地のよい環境でなければならない。そのような社会はまた、自己革新の能力を持つ人々を創り出さなければならない。

1　ジョージ・オーウェル。一九〇三年〜一九五〇年。イギリスの作家。全体主義国家に管理される近未来の社会を描いた『1984』(高橋和久訳、早川書房、二〇〇九年)の著者。

2　オルダス・ハクスリー。イギリスの作家。遺伝子的な選別と洗脳による究極の管理社会を描いた『すばらしい新世界』(松村達雄訳、講談社、一九七四年)の著者。

最近の研究により、創造的な人間と、創造性を育む環境とはどういうものかが明らかになってきた。自己を革新するためには、中年の歳になるまで、意識と感情のはたらきを麻痺させてしまわなければよい。若々しさによる柔軟性と、学習し成長する能力を、早いうちから手放してしまってはいけない。年齢を問わず、自己を革新することは可能なのだ。

革新というものは、それが社会であれ個人であれ、モチベーションや、意思の強さ（コミットメント）や、信念や、価値観や、その人の人生にとって意味のあるものに、いくらか依存する。

十九世紀の偉大な俳優、E・A・サザンは、小さな男の子を観察していた。外に出て年上の友達と遊びたいが、仲間に入れてもらえないかもしれないと恐れているのだ。その子が家に引き返そうとしたとき、サザンは楽しげに言った。「カーテンの後ろに隠れて、居場所をわからなくしてしまおう！」　しかしその子は悲しげな目をして言った。「でも、誰も気にかけてくれなかったとしたら？」

これは、すべての社会的な組織が自らに問いたださなければならない質問だ。社会や組織の革新は、誰かが気にかけてくれるからこそ、前に進むのだ。無関心や、モチベーションの低さは、衰退する文明に広く見られる特徴である。無関心な人々は、何も成し遂げることができない。何も信じない人は、改善のための変化を何も起こさない。何も革新することはなく、誰も癒さない。とりわけ自分自身を癒すことができない。状況を少しでも理解している人なら、肉体的な強さがないからといって失敗することは少ないと知っている。もし私たちがつまずくとしたら、それは心と精神の衰えによるものだろう。

創造性について論じた本のなかで、道徳の衰退や革新が論じられることは、あまりないだろう。社会組織に関する本は、ふつう個人の生涯学習の能力について考察したりはしない。私は、何もエッセイストのようにこうしたトピックを漫然と集めてきたわけではない。これらはすべて同じ問題を構成する要素なのである。何が革新にとって必要かを意識しない限り、やがては成熟した制度や組織が私たちの文明を破滅させてしまうのだ。現代社会が個人を支配するやり方に立ち向かわない限り、社会や人々に革新をもたらす創造的なきらめきを失ってしまうのだ。さまざまな分野で創造性を発揮し、自己革新できる人々を育てていかなければ、世界のなかの独創的な社会的取り組みが私たちを助けることもないのだ。

最後に、救うべき価値があるものについてビジョンを共有することができなければ、私たちは自分自身や、社会や、問題を抱えた世界を革新させることはできない。私たちの進むべき道は、核戦争の危機によって暗雲が立ち込めており、非道な脅威が私たちのビジョンを妨げている。私たちは危機に立ち向かうと同時に、その先も見据えるという難しい課題を抱えている。

先を見通すことができなければ、長期的な未来は現実味を失い、かつて平和であったときに築きたいと願っていた世界が、どんなものだったかも忘れてしまうだろう。

—第 1 章—

成熟、衰退、革新

革新しつづける組織

数年ごとに、考古学者が新たな遺跡を発見する。かつて栄華を誇り、やがて滅んでいった文明の遺跡だ。歴史の移り変わりに敏感で、ひどく不安げな現代の感覚の持ち主であれば、「次は、私たちの番だろうか?」と思うことだろう。こうした問いは、これまで繰り返し議論されてきた。

それよりも、私は次の問いを発したい。

「衰退の影響を受けにくい社会を想像してみよう——永遠に革新しつづける社会を。それはどんなものだろうか? どのような要素が必要なのだろうか?」

そうした要素を特定するための社会の特性については、もう十分にわかっている。永遠に続くのではなく、通常の期間をはるかに超えて活力を保つのだ。

仮に長命であることがそのような社会の唯一の美徳だとすれば、冒険的事業というものはすべて麻痺したように活気のないものだということになってしまうだろう。しかし革新の秘訣を学んだ社会は、将来のある時点ではなく現時点において、より面白く、活気に満ちた社会である。そして継続的な革新は、個人の自己実現を促せるかどうかにかかっているので、結果として自由な人々にとって望ましい社会となる。

長い時間をかけて、自ら革新できる社会は自由な社会であるが、それだけで満足してはいけない。私たちは自由社会の理想に恥じない行動をしているとは言えないし、永遠に革新しつづける社会の要件を満たすには、ほど遠い。しかし、どちらも手の届くところにある。

批判的に精査すれば、人気のある理論も、学術的な理論も、文明の勃興と衰退について説明するには不十分である。しかしシュペングラー派[1]やトインビー派[2]の未来は、絶望でなくてもよいはずだ。私たちはいま、社会の発展と衰退について、よりよい理論となりうる事実を

1　オスヴァルト・シュペングラー。一八八〇年～一九三六年。ドイツの文化哲学者、歴史学者。西洋文化の凋落を予言した『西洋の没落』（村松正俊訳、五月書房、二〇〇七年）は、第一次世界大戦後のドイツでベストセラーとなった。

2　アーノルド・J・トインビー。一八八九年～一九七五年。イギリスの歴史学者。『歴史の研究』（長谷川松治訳、社会思想社、一九七五年）では西欧優位の文明論ではなく、文明社会の興亡から歴史をとらえた。

発見しつつあるのだから。

これは、決して簡単に一般化できるような話ではない。発展と衰退のパターンは、社会によって異なる。さまざまな種類の革新が起こり、単純な「上り詰めて、落ちる」軌道が乱される。衰退しつつある社会が、きわめて活気に満ちた要素を内に秘めているかもしれないし、活気ある社会が、衰退から無縁であるというわけでもない。つまり、これは非常に複雑なプロセスの話である。しかし、理解できないというほど複雑ではない。

社会の活力だけでなく、制度や個人の活力についても議論する必要がある。これらは同じテーマである。制度や個人が活力を失ったとき、社会は衰退する。

近頃、ある政府の役人が、とある伝統的な政府機関について次のように説明した。「たいして大衆の注目を集めるわけでもなく、静かに眠っているようだ。政権交代があると、断続的に仕事をする——しかし、目覚めることはない」。ビジネスパーソンであれば誰でも、「緊張感のある」会社と、「マンネリ化した」会社があることを知っているだろう。大学の学長であれば誰でも、並外れた活気を謳歌する学部がある一方で、衰えてしまった学部があることがわかっている。

こうした差は、どのように説明できるだろうか？　この問いは、これまで体系的に調査されることはなかった。より綿密に調べれば、これらすべての事例において、同じプロセスが働いているとが明らかになるだろう。それは人間社会の発展と衰退に関わるプロセスである。異教徒に滅ぼされたローマ、破産してしまった古い同族企業、官僚主義のために静かに窒息してしまった政府機関。これらはみな、思った以上に共通点があるのだ。

組織や社会が若いうちは、柔軟で流動的で、融通のきかない専門化によって麻痺することはなく、何でも一度は試してみようとするものだ。組織や社会が歳を重ねていくうちに、活力は減少し、柔軟性は硬直性にとってかわり、創造性は薄れて、思いもよらない状況に直面しても、対処する能力を失っている。新しい組織や社会の活力や無謀さを思い出してみてほしい――例えば、私たちの祖先の西部開拓のように。そして、こうした資質が伝統と歴史の重みの下に、いかに繰り返し埋もれてしまったかをよく考えてみてほしい。

同じように、幼い子どもは、新しい体験に開放的であることのお手本である。感受性が強く、好奇心があり、熱心で、恐れを知らず、何でも試してみようとする。とりわけ、確立した習慣や態度によって抑制されることがない。しかし成長するにしたがって、こうした貴重な資質は失われる。否応なしに、ものごとの決まったやり方を身に付けるのである。そうしなければ、彼らはずっと幼稚なままで、周囲の環境に対応することができない。だが身に付けた態度や習慣は、違った見方や行動を受け入れにくくする。自分を取り巻く環境に対応する力は上がるが、変化には弱くなるのだ。

こうしたことが示唆するのは、いかに若さを保つかが重要な問題であるということだ。しかし、若さには未熟さが伴う。そして誰もが若さを保ちたいと思うのに、未熟でありたいとは思わないのだ。残念ながら、若さを追求する誰もがわかっているように、この二つは絡み合っている。

社会や個人の初期の柔軟性や適応力を減少させるプロセスのほとんどは、実際のところ成熟のプロセスである。それ自体、避けることができないだけでなく、初期の段階においては望ましくもある。開拓時代のコミュニティは、成熟のプロセスを経ることで活力や大胆さは失ったが、同時に住みよく秩序だったものになり、とりわけその絆が強まった。組織の創成期をともにした人々は、混乱と高い士気の日々を懐かしさとともに振り返るものだが、初期の未整備な状態に戻ることを本当に喜ぶ人は稀である。赤ちゃんは可愛らしいけれども、そのまま永遠にいてほしいと願う人などいない。

つまり私たちは、新たな可能性を狭め、適応力を弱めてしまうにもかかわらず、成熟のプロセスを止めたいと思うことはないのだ。

読者は次のような疑問を持つかもしれない。「もし新たな可能性がないのなら、個人（または組織や社会）は硬直や衰退に向かうことなく、成熟していけばよいのではないか？　違いをよく理解して、避ければよいことなのでは？」と。残念ながら、それほど単純ではない。無垢な若い活力と成熟した能力や知恵が理想的なバランスに達することはあるかもしれないが、その時点でビデオを一時停止するかのように変化を止めることはできない。これらのプロセスに静止状態はないのだ。

これは、最終的な停滞より他に選択肢はないということだろうか？　それは違う。すべての個人、組織、または社会は成熟しなければならないが、この成熟がどのように起こるかに、ほとんどが依存している。単に、ものごとのやり方を確立するという面だけで成熟していく社会は、どれだけそのやり方に磨きがかかったとしても、結局は墓場に行きついてしまう。永続的に革新しつづける社会では、イノベーションや再生や復興が継続的に発生するシステムや枠組みが成熟していく。

成長や衰退を考えるとき、私たちは、単体の動物や植物の生涯に対するイメージを思い浮かべる。苗木、満開の花、そして死。「ひとたびは咲きし花、永遠《とわ》に死ぬべし(3)」。しかし、永続的

3　十一世紀ペルシアの詩人オマル・ハイヤームの四行詩集『ルバイヤート』（英訳／エドワード・フィッツジェラルド、和訳／竹友藻風、マール社、二〇〇五年）五十八頁より引用。

に革新する社会の適切なイメージは、庭園全体やバランスのとれた水槽などの閉じた生態系である。あるものは生まれつつあり、あるものは繁栄し、さらに他のものは死につつある。しかしシステムは生きているのだ。

何世紀もの間、社会変革の典型的な課題とは「どのようにしたら、目の前の害悪を正すことができるだろうか」だった。ここで、私たちは別の種類の問いを立てなければならない。「どうしたら、継続的に復興・再生し、目の前の害悪だけでなく予測できない将来の害悪にも対処できるシステムを作ることができるだろうか？」

古いもの、新しいもの

現代において、成長、衰退、革新のプロセスについて見るときは、人間社会における継続性と変化に重点を置かなければならない。変化に対する自覚は、十九世紀に生まれたと信じる人もいるが、それは真実ではない。ニコラス・マレイ・バトラー(4)は、よく次のように力説した。エデンの園で、アダムが立ち止まって言う。「イブ、僕たちは変化の時代に生きているね」。しかし聡明な人は、二十世紀よりも変化を経験した時代があるとは主張しないだろう。変化のテンポが激しくスピードアップすることこそ、二十世紀が経験していることの核心であり、現代人の意識に強い影響を及ぼしている。

多くのアメリカ人は、変化について感傷的かつ無差別な見方を持っている。無条件によいものと考えているのだ。しかし、死は変化の一形態である。堕落もまた同じだ。社会は、自らを分断し、破壊するような変化ではなく、自らを豊かにし、強くするような変化を進んで招き入れなければならない。近年の急激な成長や、コントロールの限界を超えた急な発展に触れて、驚かない人がいるだろうか。こうした出来事を目の当たりにして、最も進歩的な人ですら、「この変化は手に負えない。このような成長は、他の価値あるものにとって、がんのように破壊的なものだ」と考えたとしても不思議ではない。

革新は単なるイノベーションと変化ではない。それは、変化から生まれたものを私たちの

4 一八六二年〜一九四七年。アメリカの教育者、著述家。大学の総長や大統領のアドバイザーを務めた。平和運動に積極的に関わり、第一次世界大戦後に締結された多国間の不戦条約（ケロッグ＝ブリアン条約）の締結を促した貢献により、一九三一年にアメリカの女性活動家ジェーン・アダムズとともにノーベル平和賞を受賞した。

目的に合わせていくプロセスである。私たちの先祖が自動車を発明したとき、彼らは交通規則を発明しなければならなかった。それぞれが、革新の一つの段階である。郊外の開発が混乱を招くのであれば、私たちは都市計画や都市行政のコンセプトを見直すべきなのだ。

変化という考えに魅了されるあまり、人類の歴史の要素として、継続性は悪いものではないが重要ではない、などという考えに陥らないよう警戒しなければならない。これは、個人、組織、社会の命にとって、とても大切な構成要素である。社会の継続性にとってとりわけ重要なのは、長期的な目的と価値である。これらの目的や価値は、長い目でみれば徐々に進化していくものの、比較的長持ちするので、社会は独自の特徴やスタイルを失うことなく、変化を吸収できる。継続性は、変化の方向性を決める上で重要な役割を果たす。そして、社会があらゆる方向から吹いてくる風によって打ちのめされてしまわないように、防いでくれるのだ。

この問題をつきつめていくと、継続性と変化が際限なく折り重なっていることがわかる。研究所で重要なイノベーションに取り組む科学者は変化を体現した存在かもしれないが、その人生で確かに深く身に付けた継続性があるからこそ、彼らは効果的に役目を果たすことができる。科学者として、現代まで続く何世紀もの伝統を受け継いでいるのである。そして、その伝統の起源にはさらに何千年もの歴史がある。彼の一挙手一投足は、何年もかけて作り上げられた態度、思考の習慣、スキルを反映している。彼は永久的な伝統としっかりと確立された知的システムの一部である。しかし、継続的な革新をもたらすのは、一人の科学者ではなく、そのシステム自身である。

これは、現代におけるプロセスの重視に通じる。かつてアーノルド・トインビーは、最も広い意味を込めて次のように示唆した。「文明は変化である。状態ではない。航海であって、港ではない」と。

プロセスの重視、そして継続性と変化の複雑な絡み合いは、自由主義と保守主義の古くさい概念に混乱をもたらす。ピーター・ドラッカーが指摘したように、変化にさらされた世界において、毎日のように新たな脅威に直面するなかで、生き残る唯一の道はイノベーションを起こしつづけることである。唯一の安定は、動きつづけることによって得られる安定である。

—第 2 章—

自己革新

自前主義の呪縛

大学の卒業式の祝辞では、「学びつづけなさい」と言われる。「成長を止めてはいけない。卒業を終わりではなく、始まりにしなさい」と。

これはよいテーマだ。しかし、ほとんどの人はこのスピーチを忘れてしまい、中年の歳に差し掛かるころには完全に干からびてしまう。スピーチをした当人ですら、干からびてしまうことがある。いったいどうしてだろう?

残念なことに、祝辞のスピーチをする人は、学びつづけなさいというアドバイスに従うことが、いかに難しいかということまでは教えてくれない。成人教育に熱心な人々は、自己啓発の機会を増やすことについては英雄的な取り組みをし、驚くべき成果を上げた。彼らは、今こそ自己啓発を妨げるものに対する取り組みを始めるべきだ。複雑に入り組んだ、個人自らが作り上げた牢獄——別の言い方をすると、個人の革新に対する無力さについて。

だが、個人はその生涯において学ぶことを一度に止めてしまうわけではないので、牢獄というイメージは適切ではない。若者の多くは、人生における宗教や精神面での学びを、大学を卒業するかなり前に止めてしまっている。二十五歳から三十歳になるまでの間に、政治や経済に対する見方を固めてしまい、それ以降変えない人もいる。三十代の半ばになると、ほとんどの人は、自らの人生の柱となる新しい考え方や新しい態度を身に付けることを止めてしまうだろう。

私たちは歳をとるにつれて、次第に人生の視野と多様性を狭めてしまう。興味を持って追求するかもしれないもののうち、選択するのは少しである。交際するかもしれない人のうち、わずかな人とつきあう。私たちは、固定化された関係性というクモの巣のなかに捕まってしまうのだ。私たちは、ものごとを行うのに決まったやり方を編み出す。

歳を重ねるにつれ、私たちは慣れ親しんだ身の回りのものに対して、だんだんと新鮮な見方をしなくなってくる。そうすると、もはや毎日会う人々や、日常の世界の特徴に対して、注意深く観察しなくなる。

だからこそ、旅行は新鮮な体験をもたらしてくれるのだ。自宅では、目の前にあるものを見る能力を失ってしまっている。旅行は私たちの無関心を振り払い、すべての体験を高める記銘力を取り戻してくれる。旅行の浮き浮きした気分のもとはいろいろあるが、そのうちの一つは間違いなく子どものような無垢な意識をいくらか取り戻すことだ。

人生の大きな転機――結婚、新しい街への転居、転職、国家の危機――によって生活のパターンが壊され、まったく突然に自分たちがそれまでいかに心地よいクモの巣に絡まって身動きが取れなくなっていたかを思い知る、ということは珍しくない。籠の鳥と違って、私たちは環境の外に出てみるまで自分が囚われていることがわからないのだ。

第二次世界大戦中、生活パターンの変更を余儀なくされた人々が、自分たちには存在するとも思わなかった才能や能力をしばしば発見したのは、典型的な例だった。大規模な自己革新を引き起こすために、戦争と大惨事を要したとは、なんと皮肉なことだろう！　あまりにも代償が大きかった。

戦争と大惨事に頼ることなく、このような自己革新を成し遂げることを体得したとき、私たちは社会が学ぶことのできる秘訣のうち、最も大切なものを発見するだろう。それによって、社会全体に新しい活力の源が解き放たれるのだ。そして私たちは多くの社会にとって脅威となる動脈硬化を防ぐために、手を打つことができる。適応力をなくしてしまった人々は、自然と変化に抵抗するようになる。自らの既得権を最も頑固に守ろうとするのは、自己革新の能力を失ってしまった人である。

なぜ、自己革新の能力がある人と、そうでない人がいるのかはわからない。しかし、自己革新をする人がどんな人であるか、自己革新の能力を高めるにはどうすればよいか——これらについての幾つかの手がかりはある。

自己革新をする人にとって、自己の可能性を高める取り組みと、自己を発見するプロセスには終わりがない。多くの人が、自分の全能力についてほんの一部しか気づかないまま人生を送ってしまうのは、悲しいことだが否定しがたい事実である。カリフォルニアで少年時代を過ごした私は、同世代の他の男の子たちと同じように、その地域に住む古い時代の探鉱者の話を夢中になって聞いた。彼らはクロンダイク(1)のゴールド・ラッシュの経験者で、誰もが失われた金鉱にまつわる昔話を一つや二つは持っていた。話の細かい部分はいろいろだった。最初に金鉱を見つけた者がその場で死んだとか、気が狂ってしまったとか、銃で撃たれて殺されたとか、鉱脈に価値がないと思ってその場を立ち去ったとかいうものだ。しかし中心となるテーマはいつも同じだった。金鉱は手つかずのままだった。私は、これらの昔話が、私たちの誰もが経験

1　カナダ、ユーコン川流域の金産地。

する教育のパラダイムを提示するものだと信じるようになった。金鉱は少しの間だけ掘られるが、そのあと放棄されてしまうのだ。

能力開発は、少なくともある程度は個人とその周囲の環境の対話である。能力があり、環境が求めれば、間違いなく開発が進む。非常に優れた運動能力を持つ若者は、かなり早くその能力を発見するだろう。大人たちを魅了する才能をもつ子どもはほとんどすべて、その才能を発見するのに苦労することはないだろう。しかし、人生の一般的な状況において、大部分の能力はそれほど容易に呼び起されるわけではない。

「物言わず名のないミルトン(2)」は、想像以上に多い。とりわけ、現代のように声高なミルトンですら気にかけられず報われもしない時代にあっては、なおさらである。私たちのほとんどは、単に人生の状況によって呼び覚まされることがなかったために、開発されなかった可能性を持っているのである。

自分自身の可能性をすべて開拓するには、人生のめぐり合わせに任せておけば安心というわけにはいかない。それは、人生の終盤に向かって、システマチックに、または少なくとも貪欲に追求されるべきものである。私たちの可能性と、人生の要求の間に交わされる、終わりのない予測不能な会話に期待すべきである。こうした要求は、私たちが出くわすものもあれば、私たち自身が発明するものもある。ちなみに私がここで意味する可能性とは、単なるスキルのみならず、感覚、好奇心、学習、理解、愛、野心といった私たちが持つすべての能力のことを指している。

教育システムの究極のゴールは、自己の教育を追求するための責任を、個人に移すことである。これは、教育とは学校の建物のなかで行われるものであり、それ以外の場所で行われるものではない、という私たちの奇妙な確信を乗り越えない限り、広く受け入れられる目標にはならないだろう。教育は、学校教育が終わった後も続くし、成人教育講座での学習に限定されているわけでもない。この世界は比類のない教室であり、人生を恐れない人にとって、人生は忘れがたい教師になるのだ。

社会には、このような自己啓発を奨励するために、もっとできることがあるはずだ。社会ができる最も大切なことの一つは、個人の自己実現にとっての障害を取り除くことだ。これは、偏見や貧困、その他の不利益によって一部の市民に課されている、大きな不公平を廃止

2　mute, inglorious Miltons. 十八世紀イギリスの詩人、トマス・グレイの代表作「田舎の墓地で詠んだ挽歌」（収録『墓畔の哀歌』福原麟太郎訳、岩波書店、一九五八年）より引用。

することを意味する。また、前途有望な若者がその夢を実現できるよう「才能を救助する」取り組みを、継続的かつ効果的に行うことを意味する。その利益は個人のためだけではなく、社会のためでもある。社会が革新するためには、社会のすべてのセグメント、または階層から生まれる新しい才能の流れによって、継続的に再活性化されなければならない。才能の流動性ほど、社会の革新にとって決定的なものはない。

己を知ること

しかし才能の発見は、自己啓発における片側の側面である。もう片側は己を知ることであり、より難しい。「汝自身を知れ(3)」という格言――あまりにも古く、あまりにも深くシンプルで、あまりにも従うのが難しい――は、人間の性質を学ぶにつれ、その意味の豊かさを増していく。今日でさえ、その格言の意味するところすべてを少しでも感じ取っているのは、最も賢い人々だけである。心理学と精神医学の研究によると、精神面での健康は自己を適度に客観視すること、自己が意識によって影響を受ける度合い、そして自己を受け入れることに密接に関係している。エリクソン[4]は、若者がアイデンティティを追求することが、いかに重要で、かつ危険なことであるかを示した。

私たちは、ここでこれらの見方が意味することすべてを探求することはできない。自己革新を促進させたり、妨げたりするさまざまな心理学的条件について検討を始めることすらできない。人生で打撃を被ったり、ひどい仕打ちを受けたりしたために、本来であれば生き生きとした反応を示すべき精神が、傷跡に生ずる固い組織によって覆われてしまう過程を研究するのは興味深いことかもしれない。また不安や恐怖が私たちを人生で得られる最も深い体験から遠ざけるようにしていく過程――「保護拘置」と同様の投獄の一種――を調べることは、有益なことかもしれない。しかし、これらの問題に立ち入ると、本題から外れてしまうのでやめておこう。

ジョシュ・ビリングス[5]は「己を知るのは最も難しいだけでなく、最も不都合でもある」と言った。人間は、自分自身から逃れるのに実に賢く多彩な方法を使う。そして現代の世界では、

3　古代ギリシャ、デルポイのアポロン神殿に刻まれた格言。
4　エリック・H・エリクソン。一九〇二年～一九九四年。ドイツ生まれの発達心理学者、精神分析家。ウィーンで精神分析家の資格を取得したのちアメリカに移住し、ハーバード大学などで教鞭をとった。
5　一八一八年～一八八五年。十九世紀アメリカのユーモア作家。

特にそうした計略が豊富にあるのだ。私たちは自らを忙しくし、注意散漫になるもので自らの生活を満たし、頭の中に多くの知識を詰め込んで、多くの人と関わりを持って、広い分野を扱っている。このため、自分の内に潜む恐ろしくも楽しい世界を探求する時間を持つことができない。私たちは、たいてい自分のことを知りたいとは思わない。自分自身に頼ることも、自分とともに生きることも望まない。そして中年になるまでには、ほとんどは自分自身からの逃亡を達成してしまうのだ。

大昔に、ジョージ・ハーバート(6)は言った。

> 必ずや　時折は独りになるのを慣《なら》いとしたまえ。
> 自分自身に向って挨拶するのだ、君の魂が何を着けているかを見ることだ。(7)

これは自己革新のよい教義である。自分自身を見失ってしまった者は、本当の自己革新をする能力を失ってしまう。自分自身を維持するために、自分の存在の源へ立ち返ることができなくなってしまうのだ。

ニーブール(8)は次のように書いている。

自分に打ち克つということは、ある意味では真の自覚によって得られる必然的な結果である。もし自己中心的な自我が、それ自身が置かれた状況に対する本当の認識によって打ち砕かれるならば、その体験を通じて新しい命の力が生まれるであろう。

失敗する勇気

大人の学ぶ意欲が若者より低い傾向にあるのは、リスクをとりたがらないからだ。学習はリスクを伴う務めであり、大人は失敗を嫌う。幼いころ、子どもは驚異的なペースで学習している

6 一五九三年〜一六三三年。イギリスの詩人。
7 「教会のポーチ」(収録『続ジョージ・ハーバート詩集』鬼塚敬一訳、南雲堂、一九九七年、四十二頁)より引用。
8 バルトホルト・ゲオルク・ニーブール。一七七六年〜一八三一年。デンマーク生まれのドイツの歴史家。古代史を研究し、史料批判的な方法で新しい歴史学の礎を築いた。

——それ以降、二度と到達できないほどのペースで。そして、数多くの失敗を経験している。彼らをよく見てほしい。数えきれないほど試しては、失敗している。失敗にへこたれてしまうことなど、ほとんどない。そして、歳を重ねるにつれ、失敗に対する陽気さが失われていく。青年期に達するまでには、失敗に対するリスクを負いたいという気持ちは、劇的に少なくなる。そして両親が恐れを教え込んだり、失敗を罰したり、成功がとても貴重なものだと思わせすぎたりして、その傾向に拍車をかける。中年になるころまでには、私たちのほとんどは再び試してみようと思わなくなる。なぜなら、それらは過去に一度は試してみたことがあり、失敗したか、自尊心が望むほどの成果を上げることができなかったからだ。

正規の学校教育のよいところは、生徒の好みによらず、じつに幅広い活動について挑戦を強いることだ。しかし、大人はたいてい自分が試される活動の種類を選ぶことができ、その選択の自由を最大限に生かす。次第に自分がよくできることだけに活動を制限し、かつて失敗したことや、一度も試した経験がないことを避けてしまいがちになる。

失敗に対して恐れを抱くと、大きな代償を支払うことになる。成長に対する手ごわい障害となるのだ。失敗に対する恐れは、どんどん個性を狭め、探究することや実験することを抑制する。多少骨を折ったり、へまをやらかしたりすることなしに、ものごとを学ぶことはできない。

学びつづけたければ、失敗するリスクをとりつづけるべきである――生涯を通じて。とても単純な話だ。マックス・プランク(9)がノーベル賞を受賞したとき、彼は次のように述べた。

量子論の発見につながった、迷宮のような長い道のりを振り返ってみると、「人は何かを追い求めている限り、失敗し続けるものである」というゲーテの言葉を切実に思い出すのです。

愛

自己革新する人の特徴として他に挙げられるのは、他の人と相互に豊かな関係を築いているということである。こうした人々は、愛を受け入れ、与えることができる。どちらも、一般に思われているよりも難しいことだ。他の人に頼り、頼られることができる。他の人の目を通して

9　一八五八年～一九四七年。ドイツの物理学者で量子論の創始者の一人。

人生を見つめ、他の人の心を通して人生を感じることができる。

これが自己革新と何の関係があるのだろうか？　こうした関係を構築することができない人々は牢獄に閉じ込められているようなものであり、経験というすばらしい世界の一部分から切り離されている。愛する者の喜びや苦しみは、私たち自身の経験の一部なのだ。私たちは彼らの喜びや挫折、希望や恐れ、怒りや憐みを感じる。それによって私たちの人生は豊かになるのだ。

しかし、追体験は愛の小さな帰結にすぎない。愛や友情は孤立した自我の硬直性を取り払い、新たなものの見方を強いて、判断を変え、人生の諸問題に対するすべての深い理解の基礎となる感情の働きを、正常な状態に保ってくれるのである。

モチベーション

自己革新する人は、モチベーションが高い。私たちは歳をとるにつれて心理的な殻を作り、そのなかに居心地よく閉じこもる。そこに止まっているのであれば、すべてが簡単である。しかし、そこを飛び出すには、いくぶん余計な気力、熱意、エネルギーなどが必要である。

これは、ある部分においてはまったくのところ身体的なエネルギーの問題である。その人の興味の対象が知的なものであるか、精神的なものであるかに関わらず、学習し、成長し、挫折から回復し、障害を克服し、活力と回復力に満ちた人生を送るためには、身体的な要素が非常に重要だ。私たちは普段、身体のことなど気にも留めないが、信じられないほど複雑に入り組んでいる。クリエイティブな人生を送りたいと思う人は、身体に対して深い敬意を抱き、十分に気を配るだろう。

しかし健康であれ、ということとは別として、モチベーションを上げるために何かできることはあるだろうか？　答えは「おそらくあるだろう」だ。

自分のすることを楽しんだり、意義を見出したりする人に、あふれるほどのエネルギーの素が感じられるというのは、誰もが認めるところだ。自己革新する人々は、自分のやっていることに大きな確信が持てないときは、何か確信が持てることを探すべきだということを知っている。私たちの誰もが深い革新を追求することにすべての時間を使えるわけではない。しかし私たちはみな、仕事でも余暇の活動でも、何か一つは深く関心を持てることに取り組むべきだ。そして、自分の殻を破りたいと思うなら、それは本質的に自己中心的なものであってはいけない。

収入が上がるから、地位が上がるから、権力が得られるからという理由で、深く関心を持って取り組んでいた仕事を辞め、面白くもない仕事に移る人を、どれほど多く見てきたことだろうか。好きでもない仲間とブリッジをしたり、退屈なカクテルパーティーに出かけたり、「それが決まりだから」という理由でやったりする、型にはまって何とも思わない中年の人々を、どれほど多く見てきたことだろうか。そのような人々が頭をすっかり切り替えて、自分が深く関心を持てるたった一つのこと、燃えるような信念を持てるたった一つのことに取り組めば、再び元気を取り戻して生まれ変わるだろう。

習慣、慣例、単なる惰性は言うにおよばず、生活のしきたりや人工的なものはすべて、私たちを興味や信念のもととなるものから遠ざけてしまう。私たちは、自分自身の存在との調和を取り戻すために、これらの初歩的なレッスンを必要としている。

エマーソン[10]は「かつては木の聖杯と黄金のごとき僧侶があった。今日では聖杯は黄金とされ、僧侶は木になり下がっている」と言った。人間と制度の関係について、本質をついた言葉である。私たちは永遠に「教会を建て、信条を葬りつづけている」。形式が精神に打ち克っている。社会の制度は人間の情熱と精神の上に作り出される。その資産が増えるにつれ、情熱は冷めていく。構築物が大きくなればなるほど、精神は先細りになっていく。

制度はものごとの表層的な部分だけでは飽き足らない人々によって革新される。同様に、自己革新もまた、空虚な形式に対して飽き足らなく思う気持ちを必要とするのである。

自分自身の活力の源を取り戻したいと願う人は、人生の偽りの扉を打ち破り、心から信じ、没頭できるものを探し出す。

この点において、自己革新する人が念頭に置くのは、ギリシャ神話の巨神、アンタイオスである。彼は地面に足がついている限り、格闘に負けることはなかった。このことから、私たちの複雑に組織された、過度に言語化された文明が思いおこされる。私たちは、人生の真実から遠く離れたところに流されている。言葉は、それが指し示すものよりも現実味を帯びるようになった。私たちの人生に大きな影響を及ぼすものは、触ったり感じたりできるものから、統計的な数値や抽象化された言語に置き換わっている。こうした抽象性や人為性を打ち破り、ときどき直接経験(11)という固い大地に足を着けてみるのは、賢いことである。

10 ラルフ・ワルド・エマーソン。一八〇三年～一八八二年。アメリカの哲学者、思想家。
11 外部環境と感覚器官の接触による生の経験。ドイツの心理学者ヴィルヘルム・ヴント(一八三二年～一九二〇年)は心理学を直接経験の学問であると規定し、直接経験することのできない非実在を扱う哲学(形而上学)と区別した。

もちろん、私たちの文明が人工的であることを非難しすぎてもいけない。交響楽団は、テレビと同じくらい人工的なものである。ペニシリンは、ネオンサインと同じくらい人工的なものである。ほとんどの人工物は、私たちの役に立つように作られている。しかし、私たちが賢ければ、時にはそうしたものに背を向けて、自分たちの革新の道を探すことができる。目に見えるもの、聞こえるもの、感じられるもの——自然に直接触れて、仲間と顔をあわせて語らい、自らの手で何かを作り出すのだ。

自発性、野心、勝利への意志などと同様、モチベーションとは車に入れるガソリンのように個人を駆り立てる神秘的な要素だと考える人もいる。当然のことながら、こうした人はこの神秘的な要素に対して大きな好奇心を抱いており、より多くを得たいと渇望している。特に、現代のように社会のタンクからそれが洩れていると彼らが考えている時代にあっては、なおさらである。

しかし、モチベーションは組織に投入される燃料のようなものではない。それは個人の特質であり、ある程度は身体的な活力と関係があり、またある程度は社会的な影響力と関係がある。

こうした影響力には、子どもの育成パターン、教育システムの傾向、機会の有無、利用可能なエネルギーを活かしたり殺したりする社会の傾向、献身やコミットメントに対する社会的な態度、社会共通の価値観の強さなどがある。

モチベーションの低下は「行き過ぎた繁栄」が原因であるというのが、私たちの社会で最も広く受け入れられた説明だが、これは考えてみる価値があるだろう。ハングリーなボクサーを倒すことは難しい、という古いボクシングの格言には、一応の根拠がある。そして命をかけて何かを成し遂げようとする個人や社会の多くは、禁欲的な性格を持っているものだ。しかし、貧困がいつも高いモチベーションをもたらすとは限らない。実際、世界で最も貧しい人々は、最も無気力である。そして財産があるからといって、必ずしもモチベーションがそがれるわけではない。実際に、豊かな社会は、個人の機会の幅を広げることができ、他の社会では眠っていたかもしれないエネルギーを解放することができる。創造性のなかには、ある程度まとまった経済的な余裕を必要とするものもある。極度の貧困状態にある人々は、好きなように新しいことを実験したり試したりすることはできない。創造的な成果には必ず、ある程度の無謀さやギャンブル性が含まれているものだが、生存の限界に近い経済水準の社会では、こうした特性は抑圧されてしまうことが多い。

つまり、繁栄が私たちの行動を鈍らせていると信じるのは、清教徒のように厳格であるためには都合のよいことかもしれないが、一方でモチベーションが失われるということが、ひどく過大評価されているのである。

トインビーのように、社会には「挑戦すべき課題」が必要だ、と主張する人もいる。しかし、挑戦の余地がまったく無くなってしまうほど、周りの環境と自分自身を征服してしまった社会など、いまだかつて存在しないのである。多くは、疑いようもなく存在する「挑戦すべき課題」を理解することができず、眠り呆けてしまったのである。そういう意味では、社会は自らの「挑戦すべき課題」を規定するのだ。

デイビッド・マクレランド(12)は、幼児期の育てられ方が社会におけるモチベーションのレベルを決定するという、興味深い学説を唱えている。どんな種類の育て方が、高いレベルのモチベーションに貢献するのかということは、よくわからない。しかし、子どもの行動について達成基準を設け、自立心を養い、過度な権威主義を避ける傾向にある家庭では、よい成果が得られるというのが、この分野の専門家の意見である。

教育とモチベーションとの関係は、多くの人が考えるより直接的である。若者が自分自身のために設定する目標は、その若者を取り巻く大人たちが抱く期待の枠組みに、大きく影響を受ける。教育システムは、若者に対して社会がどのような成果を期待しているのかを意識させる。もし、その期待が緩めば、若者はそれが社会の期待であると信じるだろう。もし、大きな期待が寄せられれば、若者は自分自身にも大きく期待する可能性が高い。努力や、懸命かつ精力的な行いを社会が奨励する雰囲気を作り出すことが大切な理由はここにある。かつて、発展途上の時代においては、こうした努力は大きく報われる傾向にあった。社会が成熟するにつれ、精力的な努力というものは、次第に求められなくなるものである。

12 一九一七年～一九九八年。アメリカの心理学者。モチベーション理論の一つ、欲求理論を提唱した。

—第 3 章—

多面的能力

自己革新のための教育

自己革新を促すにはどのような教育が必要かということが少しずつわかってきた。これをさらに掘り下げていこう。若者に凝り固まった既成概念を吹き込むと、早い段階で退行させてしまうことになる。これを避けるには、若者が継続的に変化し、成長していくために必要となる能力や、態度や、思考の習慣や、知識や理解力を開発する必要がある。そうすれば、自分自身で継続的に自己革新をしていくための仕組みを作り上げることができる。

これは、すべての教育の効果を評価することのできる基準になるだろう。そして、この基準から見ると、現代の教育のほとんどはひどく効果の悪いものである。私たちは、若者が自分自身の植物を育てるように教えるべきところ、花の切り方を教えているようなものである。若者にイノベーションの起こし方を教えるべきところ、彼らの頭に過去のイノベーションの産物を詰め込んでいる。頭は使うための道具であると考えるべきなのに、知識を詰め込む倉庫であると考えている。

もちろん、学校がイノベーションの教育だけに専念するわけにはいかない。変化と同じように、継続性も重要な教育テーマである。人間的な条件のなかにも、また伝統や過去から学ぶべきことのなかにも、継続性がある。若者が自分自身の存在について自問することは、個人として、または集団としてどうなりたいかを考える上で、よい手助けになるだろう。より高次の教育では、継続性の主要な構成要素の一つである社会の共通目標について、批判的に検討し、再評価する機会を与えるべきだ。こうした再評価は、社会の共通目標に活力と妥当性をもたらす。創造的な思考や活動が起こりそうなすべての分野において、人は先人の業績の上に成果を積み上げる。こうした過去の業績にとらわれ過ぎてしまうと、創造性が弱まってしまうのは事実である。またやり方によっては、その業績に反抗することになりかねないのも事実である。いずれにしても、出発点になることに変わりはない。

しかし教育制度はいつも、継続性を扱うことについては、比較的うまく対処してきた。今日強く求められているのは、加速度を増しつつある変化に対する教育である。そのようなことを学校に求めるのは、最新の流行を追い求める気違いじみた行為に導くだけだと、不安視する向きもあった。しかし、その効果は正反対であった。変化があまりにも速いために、今日「最新」であったとしても、若者たちが成人するころには時代遅れになってしまうかもしれない。

したがって若者たちは、明日の新しいものについて自分自身で学べるように教育される必要がある。そして、このことによって私たちは基本に立ち返ることになる。

私たちは、簡単に時代遅れになってしまうことを教えるのをやめ、若者の理解と行動にできる限り長期的な影響を与えることを教える方向に向かっている。教育の力点は、問題の分析手法と解決法にますます置かれるようになっている。これは、多くの分野において、直接的な「実践的」応用よりも、基本的な原則を重視することを意味する。そして、すべての分野において、新しい状況に適応するのにふさわしい思考の習慣を教えることを意味する。好奇心、開かれた心《オープンマインド》、客観性、証拠の尊重、そして批判的に考える能力などである。

ジェネラリストとスペシャリスト

革新のための教育とは、かなりのところ多面的な能力のための教育を意味する。もしそうだとすれば、私たちは古くからの論争に向き合わなくてはならない。すなわち、ジェネラリストを育てるべきか、スペシャリストを育てるべきか、ということだ。多くの教育者が、相当な熱意を持って答えるだろう。この問いはきわめて複雑な問題を提起するのだ。

専門化は、生物の諸機能に見られる普遍的な特徴である。あらゆる高等生物の細胞構造や、アリの社会や、人間の社会組織などが、その例である。人間の社会では、分業は有史以前から行われていたし、都市文明が存在したところでは、例外なく発達した。

専門化とは、特定の機能を選択的に特化し、他を捨てるということである。人体の機能は、想像もつかないほど広い範囲にわたって変化できるものだが、そのうち個人として発達させることができるのは、ほんの一部でしかない。ある特定の反応を強化させるという意味において、すべての学習は専門化であると言うことができる。このプロセスを説明するには、言語の習得を例にとるのが一番だろう。乳児は、さまざまな音声を理解し、発音する能力を持っている。しかし、その膨大な音のなかから、ほんの一部、主に自分の母国語にある音声のみを理解し、発音することができるようになる。やがて大人になると、母国語以外の音声を理解し、発音することには、非常に苦労するようになる。つまり、私たちは本来ジェネラリストであるにも関わらず、スペシャリストなのだ。そして、これはいつの時代でも変わることのない事実なのである。

要するに、専門化は、生物学的な意味でも、社会的な意味でも、知的な意味でも必要なものである。教育の最高段階においては、一つのことを非常に深く学ぶだろう。偉大な芸術家や科学者は、自らの潜在能力を発揮できることから一つの狭い領域について徹底的に学ぶことによって、高い成果を発揮するのである。

そうだとすると、私たちが専門化をやめられないのは明らかである。やめたいとも思わないだろう。しかし現代の社会において、専門化は過去とは比較にならないほど多岐にわたっている。そして残念なことに、ジェネラリストとしての能力を持つ人にしか、効果的に対処することのできない仕事が多いのである。リーダーシップとマネジメント、特定の種類のイノベーション、コミュニケーション、教育、育児、市民として果たすべき義務など。さらに、極端に専門化された人は、変わりゆく世界において非常に重要となる適応力を失う可能性がある。技術的な変化が自身の専門性を陳腐化させてしまったときに、自分自身の方向性を修正することができないかもしれないのだ。

ここで、スペシャリストが不要になってしまうわけではない、ということに注意してもらいたい。ジェネラリストとして機能する能力を持っておくことが重要なのだ。そうすれば、状況が変わっても新たな専門性に切り替えることができる。

すべての社会階層はある種の専門化を伴うが、これにはメリットとデメリットがある。下位の階層に属する人々は、ある種の意思決定を下す機会を奪われてしまうために、こうした意思決定の能力そのものを失ってしまうかもしれない。このような階層形成による専門化は、皮肉な結果をもたらす。上位の階層に属する者は、下位の者よりも機能的に失うものが多いのだ。忠実な部下を失ってしまった上司ほど、無能なものはない。奴隷を所有する貴族階級の者は、自らの生存を危うくするほどの能力の欠如を経験することだろう。昆虫の社会にも、このプロセスの興味深い類似性が見られる。奴隷制度をとるアリの種類のなかには、巣づくり、幼虫の世話、捕食など、多くの一般的な能力が文字通り失われ、肥大化した「攻撃力」か、もしくは奴隷づくりの能力しか残っていないものがいる。

人間の社会では、スペシャリストがジェネラリストとしての能力を持ってはいけないという理由はどこにもない。そうするかどうかは、個人のモチベーションや、これまでに受けた教育や、彼らの能力を育む組織や社会の特性次第である。

発展の初期段階にある社会や組織は単純で、流動的で、細分化されていない傾向にあるため、個人に対してはジェネラリストのように機能するよう圧力がかかる。したがって「万能人間」は比較的秩序だっていない社会や、時代の初期に最もよく登場してきた（アメリカの建国者たちの多面的能力を思い出してほしい）。

発展が進むと、社会や組織は労働を複雑に分業化し、高度に専門化し、区分化する。これによって、個人は専門化するように強いられる。こうした区分化の弊害については、組織論を学ぶ者であれば誰でも指摘できるだろう。組織の区分は、個人の多面的能力を弱めるという点で、組織自身の自己革新の能力を弱める。仮に個人が厳格に専門化され、変化に対する備えを持たなかったとしたら、変化に対する人的コストは高くなり、社会はその変化を頑なに拒むであろう。しかし、もし個人が柔軟で新しいやり方を学ぶ能力を持っていれば、変化に対する人的コストは低くなり、社会の抵抗も少ないであろう。つまり、変化の激しい世界では、多面的な能力を持つ人材はきわめて貴重な財産なのである。

先見の明のあるリーダーは、行き過ぎた区分化を防ぐために必要な措置をとることができる。硬直化した組織を再編する。不必要な専門化を排除し、視野を広げるために配置転換をする(おそらく人事ローテーションの仕組みを作るだろう)。厳密に分類された職務を分解し、再定義する。

自由社会を一度に再編することはできない。おそらく、長期的に見て最も効果的な方法は教育制度を変えることで、一度に再編するのと同じくらいの成果を期待できる。教育は、生涯を通じて学び成長するための、広くしっかりとした基盤を築くことができる。こうした基盤を持って人生を始める人は、どんなに深いスペシャリストの道を選ぼうとも、ジェネラリストとして機能する能力を常に持つ。最高の教育とは、若者たちが自ら学び、学ぶ意欲を持つようになるまで、内面的資質を構築するものである。これによって若者たちは、予測不能な世界のなかで未知の問題に対処し、多面的な能力を持つ人として生きる術を得る。このように教育された人々が社会を、柔軟で適応力があり、イノベーティブなものにしつづけるのだ。

—第 4 章—

イノベーション

この世で何か新しいもの

ライマン・ブライソン(1)は、次のように述べている。「民主主義の社会の目的は、優れた人々を作り出すことにある。どのようなものであれ、民主的なやり方は人々が本来持つ能力を最もよく保持し、発展させる」

開放的な社会における制度上の仕組みは、それ自体が革新ではない。それは自由な個人を育むものであり、こうした人々が自己革新の無限の原動力となるのだ。社会に最も大きな成果をもたらす人々、すなわちイノベーターに注目すれば、社会の革新について何かを学べるかもしれない。しかし、その前に私たちはイノベーションのプロセスについて見ておく必要がある。

イノベーティブな活動は、解決を必要とする問題がなければ始まらない、ということを強調する著述家もいる。それは、おおむね正しい。しかし、人間は探究心が旺盛な生き物だから、たとえ問題がないとしても、その活動を止めることはない。ものごとを突っつき、考えをめぐらし、新しい組み合わせを試し、新しい洞察を模索せずにはいられないのだ。人類の最も偉大な進歩の多くは、間違いなく、古くから才能ある人々の探求によってもたらされてきた。科学者とともに時間を過ごしたことのある人なら、「なぜ、その研究テーマに挑戦することにしたのですか？」という問いに対する答えが、決まって「ただ、どんな結果になるか、知りたかっただけなのです」であることを知っているだろう。

イノベーションは、ときに現状を打ち砕く破壊的な力として、ドラマチックに描かれることがある。実際に、その通りになることもある。しかし、この破壊的な側面を強調しすぎると、誤解を生みやすい。歴史的に、人間社会における現状は、その社会が原始的なものであれ、文明的なものであれ、イノベーションによって脅かされてきたのではない。古くからある、なじみ深い危機によって脅かされてきたのだ。食糧難、疫病、近隣の社会からの攻撃、より優れた技術の台頭、内部からの衰退などである。イノベーションによって、このような脅威にさらされた社会が救われる可能性が高まる（皮肉なことに、イノベーターが救世主として登場するからといって、現状に満足している人々から必ずしも歓迎されるわけではない。まるで、子どもが病気よりも医者

1　一八八八年～一九五九年。アメリカの教育者、メディアアドバイザー。

を恐れるように、彼らもイノベーターに対して恐れを抱くのである)。

ちょうど、危機に直面した社会が新たな解決策のために行動を起こすか、それとも死ぬかという岐路に差しかかるように、人間の特定の領域の活動においても、同じような分岐点に差しかかることがある。人口が増えて食糧が足りなくなるように、芸術家は特定の芸術表現における可能性を見出せなくなってしまうこともあるし、学者は特定の研究分野における可能性に行き詰まってしまうこともある。

イノベーションが、穏やかな現状を打ち壊してしまうものであるというイメージは、現代の社会においては、特に不適切である。今日、技術的にも社会的にも騒々しいほど急速に進歩した現代社会において、穏やかな現状を見出すことなど、不可能であろう。今日の解決策は、明日には時代遅れになるだろう。今日均衡しているシステムは、明日にはバランスを失うだろう。変化する状況に対応するには、イノベーションが継続的に必要なのだ。

現代では、最も有能なイノベーターでさえ、危機が起こり、人々がイノベーションを受け入れやすくなった時期を捉えなければ、高い成果をあげることはできない。ポール・リビア[2]の伝説は、複雑な現代社会におけるお手本としてはきわめて不適切である。この伝説は、驚くほど単純すぎるのである。彼は危機を察知し、警鐘を鳴らし、人々は本当に目覚めた。巨大で忙しい社会では、現代のポール・リビアの声は喧騒にかき消されてしまうことだろう。警鐘を鳴らしても、誰も応えない。もし警鐘を鳴らしつづければ、問題人物とみなされ、やめさせられてしまうだろう。そしていつの日か、その警告が現実のものとなる事件が起きる。警告に耳を貸さなかった人々は寝間着姿のまま窓際に走り、「どうして誰も教えてくれなかったんだ?」と泣き叫ぶのだ。

そのときになって初めて、人々は新しい解決策を受け入れる準備ができる。そして、賢いイノベーターの立場は有利になる。新しい航空管制の技術に取り組んでいる人が、最近こんなことを言っていた。「この技術はまだ完璧ではないが、現時点ではどうせ認められることはない。みんな心配などしていないからだ。おそらく二年以内に大惨事が起きて、この問題にみんなの関心が集まるだろう。その時こそが、私の仕事の目標期限であり、チャンスでもあるのだ」

読者のみなさんは、もちろん自分は寝間着姿で泣き叫ぶような人間ではないと思うだろう。

2 一七三五年~一八一八年。アメリカの銀細工師で、独立戦争中は愛国者として活動。レキシントン・コンコードの戦いの前夜、イギリス軍の行軍を味方に知らせた「真夜中の騎行」で知られる。

しかし、そう思うのは危うい。現代社会はひどく騒々しいものだ。未来を形作る新しい考えや、新しいものごとのやり方が芽生えるとき、いったい何人が気づくだろうか？　新しいものがファンファーレとともに登場することなど、めったにない。歴史的なイノベーションは、歴史の本のなかではエキサイティングに見えるものだ。しかし、その当時を生きた人に尋ねることができるとしたら、典型的な答えは「私はそれに反対だった」でも「賛成だった」でもなく、「そんなことが起きているとは、知らなかった」になるだろう。

　大衆の無気力さは変化を遅らせてしまう。だからこそ、批評家が光り輝くのだ。二十世紀初頭、エイブラハム・フレクスナー[3]は当時の医学学校の実情を大衆に暴露することによって、医学教育の革命の口火を切った。革新を必要としている特定の分野に対して、批評家が人々の関心を集めることは、まさにイノベーションのプロセスの一部分であると言ってよい（もちろん、すべての批評家が新しいものを触れて回るというわけではない。ある者は既にできあがったものの優美な鑑定家であり、彼らが何かを認めるのは、それが創造的であった期間からかなり後になることが多い。まるでギリシャ神話のヘルメスが死者の魂を冥界に導いていくように、さまざまなアイデアや芸術の様式を「受け入れられしもの」の墓場へと導いていくのである）。

　革新についての思考を停止させる最も深刻なものの一つは、世間一般がイノベーターに対して抱く、過度に狭い概念である。テクノロジーや特定の新しい機械を発明した人に絞られすぎているのだ。アレクサンダー・グラハム・ベルと電話。マルコーニと無線電信。エジソンと蓄音機。ライト兄弟と飛行機。こうした狭い視野では、ルネッサンス期の商人貴族、ヤコブ・フッガーを認めることはできないだろう。しかし、彼はイノベーターにふさわしい人物である。イタリア・オペラを創始したクラウディオ・モンテヴェルディもまた、数多くの音楽の伝統を変え、統合したという意味において、イノベーターとしての役割を果たした。アメリカの建国者たちの幾人かは、政治的手腕という意味では、すばらしいイノベーターであった。ドロテア・ディックス[4]は、社会福祉の分野で非常に大きな功績のあったイノベーターである。

私たちは、イノベーターとはものごとの新しいやり方を発見した人々であると考えてしまいがちである。しかし、多くの広範囲にわたる変化は、ものごとに対する新しい考え方を発見

3 一八六六年〜一九五九年。アメリカの化学者、教育家。
4 一八〇二年〜一八八七年。アメリカの婦人活動家。貧しい精神障害患者を救うためにロビー活動を展開し、各地の保護施設の設立に尽力した。

した人々によって口火を切られてきたのだ。プランク、アインシュタイン、ラザフォード[5]は、ニュートン物理学の時代を終わらせ、現代物理学の道を切り拓いた。ソクラテス、ストア派のゼノン[6]、聖アウグスティヌス[7]、コペルニクス、ダーウィンは、学問の歴史の方向性を変えた。これらの名前を思い起こすとき、イノベーションの内容と形式の驚くべき多様性を認識せざるをえない。

ものごとの新しいやり方を発見した人々と、ものごとに対する新しい考え方を発見した人々を、厳密に区別するのは誤りであろう。その多くは、両方行ったのである。ヒポクラテス[8]が同時代の人々に新しい医学のやり方を教えたとき、彼は呪術や迷信といった領域から医学を一段上に引き上げる、新しい考え方を教えたのだ。ルイス・サリバン[9]が新しい建築法を世に示したとき、彼はまた建築に対する新しい考え方を示したのだ。

また、歴史上、華々しい成果を残した人ばかりに注目していては、革新のプロセスを十分に理解することはできないだろう。歴史における大きな変化の多くは、主に無名の人々による小さなイノベーションが連続することによって出現してきたのである。私たちはドラマチックな（または軽薄な）感覚を持っているがゆえに、「すべてを一人で始めた人」を見つけ出して、実際には長く複雑極まりないプロセスから生まれた功績のすべてを、その人に帰してしまうのである。

私たちは、こうした未熟な考え方を卒業しなければならない。現代の私たちが直面する最も難しい問題のいくつかは、ただ一つのドラマチックな解決策によって解決されることのないものである。仮に解決可能だとしても、それには一連のイノベーションが必要となる。大都市圏の革新がよい例だ。スプロール化(10)しつつある巨大な都市を、そこに住む人々にとって合理的に管理できるようにするためには、長期間にわたって政治的、経済的、社会的なイノベーションが一気にわき起こる必要がある。

5　アーネスト・ラザフォード。一八七一年～一九三七年。ニュージーランド生まれ。後にイギリスにわたって研究を行った物理学者。原子核の発見、原子核の人工変換などにより、「核物理学の父」と呼ばれる。
6　紀元前三三五年頃～紀元前二六三年頃。キプロス島キティオン生まれの哲学者。ストア派を創始した。
7　三五四年～四三〇年。神学者、哲学者。古代キリスト教最大の教父。
8　紀元前四六〇年頃～紀元前三七〇年頃。古代ギリシャの医者。「医学の父」と呼ばれる。
9　一八五六年～一九二四年。アメリカの建築家。フランク・ロイド・ライトの師の一人。
10　都市部が無秩序に郊外に拡大していく現象。都市計画や整備が後追いになるため、都市問題が発生する。

創造性

革新の源泉としての個人について語るとき、「創造性」という魔法の言葉を思い出す。現代の人々の間では、目まいがするほど人気のある言葉だ。今やそれは単なる言葉以上のもので、呪文のような力を持っている。「創造性」は、超能力が身に付く不思議な薬のようなもので、強力で苦痛は伴わないだろうと考えられている。誰もがこの薬を欲しがっているのだ。

アメリカ人の悪い癖の一つは、重要性、妥当性、斬新さなどを持つと思われる言葉や考えを乱用し、堕落させることである。私たちは、創造性についても、この過ちを犯してしまった。しかし、だからといってその言葉の本質を無視してはならない。この言葉に対する現代の人々の関心が浅薄であるとはいえ、その関心は流行以上のものである。それは「形式による圧制」に抵抗が高まっていること、個人を尊重する新しい考え方、解放された精神の可能性に関心が向けられはじめていること、などに見てとれる。

忘れてはならないのは、「創造性」という言葉に人気があるからといって、本当の創造性がもたらす結果が人気を得られる保証などないということだ。新しいやり方は、古いやり方を脅かすものだ。そして、その古いやり方に縛られている人々は、新しいやり方に対してきわめて不寛容になるかもしれない。ガリレオは、現代では人気のある歴史上の偉人である。私たちは、彼がコペルニクスの地動説を支持したために迫害されたことについて憤りを感じると同時に、知的な優越感と開放感を覚える。しかし、もし彼が現代に再登場し、私たち自身が深く信じている信念に真っ向から反対するような意見を述べたら、彼の人気はピサの斜塔から落ちる鉛の重りのような勢いで急落することだろう。私たちが敬慕の念を抱くのは、はるか昔に死んでしまったイノベーターに対してだけなのである。

生きている間にイノベーターとしての名声を最大限に高めたパスツール[11]ですら、生涯を通じて厳しい非難と反対にさらされた。そして、彼はそれを避けられないものだとわかっていたのである。

あるとき、私は空席になっていた科学アカデミーの会員に立候補した。最もいかめしい、最長老の会員が私にこう言った。「君、もし学会誌で悪く言われることがなくなったら、落ち目になり

11　ルイ・パスツール。一八二二～一八九五年。フランスの生化学者、細菌学者。近代細菌学の開祖とされる。

つつあると思いたまえ」

だからこそ、時としてイノベーティブな人々を守らねばならないのだ。だからこそ、自由な思想と探求を認める強い伝統が、継続的な革新には欠かすことができないのだ。

創造性のある人と、ない人をきっぱりと分けることはできない。あるのは、程度の差だ。創造性の高みに到達するほどの力を発揮できる人は稀である。しかし条件さえよければ、かなりの創造性を発揮できる人は少なくない。そして、ほとんどの人々は、その生涯のある時期、ある局面において、ある程度の創造性を発揮することができるのである。

ここで私たちが論じている創造性という特質が、単なる知性を超えたものであるということは、一般の人も科学者も、等しく認めるだろう。私たちはみな、たとえ頭はよくても、高性能のコンピュータと同じくらい、本質的なところで独創性や革新性を欠く人を一人は知っているものだ。標準化された知能テストは、創造的な人物を特定するためには使えないことが、広範な研究によって明らかになっている。

同様に、創造性には何かを創り出すテクニックを習得することが求められるが、それは単なる技術を超えた何かである。偉大な芸術家、作家、科学者、建築家などは、まず初めにそのテクニックを完全に習得するものだ。そのレベルは、意識しなくてもできるくらいのものである。しかし、テクニックを習得すれば、創造的になれるというわけではない。平均的な科学者、作家、芸術家、音楽家などは、堅実な職人かもしれないし、各方面から称賛されるかもしれないが、必ずしも独創的な才能に恵まれているわけではないのである。科学の分野では、未開拓の領域においてイノベーティブな仕事に取り組んでいる人はごく一握りであり、その背後にはルーチンワークを行う大勢の有能な人々がいるのだ。

創造性は、人間活動が表れるところ、ほとんどすべてに発揮することができる。活動のなかには、例えばレンガを積む作業のように、その仕事の性質上、可能性が大きく制限されているものもある。最高レベルの成果が期待できるのは、達成しようとする仕事の性質が厳しい制約を受けないものであり、なおかつ人の感情、判断、表現力、審美眼、精神的な衝動などが関連してくる分野である。

創造的なプロセスは、意識して始めようとしたり、コントロールしようとしたりしても、うまくいかない場合が多い。手順に沿ったり、計画したりするような形では進まない。あてもなく進むのだ。予測不能で、脱線しやすく、気まぐれである。ある科学者が書き残したように、「研究室での作業について予定を立てることはできるが、最良のアイデアについて予定を立てることはできない」のである。どんなに複雑な作業であっても、創造的なプロセスを意識的な規律とコントロールのもとに置くべき時点が、間違いなく存在する。しかし、創造的な作業においては、無意識の働きが重要な役割を果たすことは明らかである。

創造性を伸ばすことは可能だろうか。簡単に答えることはできない。このテーマに関する通俗的な書籍には、創造性とはまるで筋肉のようなものであり、トレーニングによって鍛えることができると書かれているようだ（ということは、トレーニングさえちゃんとやれば、誰でも望みどおりに鍛えることができるというわけだ）。あるいは、創造性とは、ゴルフのグリップや料理のレシピなどのように、伝授可能な秘訣であるという書き方をしているものもある。しかし、研究者たちは、創造性に寄与する特質、個性、気質、知性などは幼少時代に培われるもので、家族の人間関係に非常に大きく依存していると信じている。こうした幼少時の影響については、ほとんど明らかになっていない。

こと大人に関する限り、いままで創造性を持っていなかった人に、持たせる手段があるかどうかは、よくわからない。しかし、可能性を引き出すためにできることはたくさんある。創造性に富む人々が口々に証言するように、創造への衝動を窒息させてしまう環境もあれば、解き放つことのできる環境もある。継続的な革新に目を向ける社会は、創造性を解き放つ上で快適な環境を作ろうと努力するだろう。

アレキサンダー大王[12]がディオゲネス[13]のもとを訪れて、この有名な哲学者のために何かできることはないかと聞くと、「あなたがそこに立つと日陰になるからどいてほしい」と答えた。おそらく、私たちはいつの日か創造性を高める方法を知ることになるだろう。それまでの間、創造力にあふれる人々のために私たちができる最善のことは、彼らの日陰にならないようどいておくことなのだ。

創造力のある人には、さまざまなタイプがある。創造力のある作家は、創造力のある数学者とは見分けがつくし、創造的な建築家とも違う。それにもかかわらず、研究によると独創的な人々には共通の特質があるらしい。

12 紀元前三五六年～紀元前三二三年。アレクサンドロス三世。エジプトのファラオの称号も与えられ、英雄と称されている。
13 紀元前四一二年頃～紀元前三二三年頃。古代ギリシャの哲学者。欲望から解放されて自足することが重要だと考え、犬のように質素な生活を送って肉体的・精神的な鍛練を行った。

四つの特質

〈開放性〉。創造力のある人々に関する研究には、「開放性」とでも表現されるべき特質に関係するものが数多くある。ある定義によると、開放性とは、目に見えるもの、耳に聞こえるもの、身の回りの出来事や思想などを受け入れる能力が高いことを指す。私たちはみな、世界から目を背けることには長けていて、目を向けるものに対しては飽き飽きしている。独創性の才能に恵まれた人は、ものごとを新鮮な目で見て、ちゃんと気づくことができるのだ。

もちろん、経験に対する開放性は、個人にとって内面的生活に重要な外部の世界の一部に限定される。乱雑で騒々しい生活のすべてについて無差別に開放的であることなど、誰にもできない。創造的な人々は、他を無視することによって、あるものごとに対する気づきを最高に高めるのである。そして、彼らが無視することが、往々にして私たちが最大の関心を寄せる日常的なことだったりするために、彼らは変わり者とみなされてしまうのである。

さらに創造的な人々は、外部の世界に対してだけでなく、自己の内面に対しても、受容性が高いことを指摘しておきたい。彼らは自分の感情や、心配事や、奇抜な考えを押さえつけたり、否定したりすることはない。より専門的な用語によれば、マッキノン[14]とその同僚が言っているように、創造的な人は「意識制御を放棄し、恐れや不安を抱くことなく、原始的かつ無意識な人格の層から湧き上がる衝動やイメージと向き合う」ことに長けているのである。つまり、創造的な人は心理的な壁が低く、ありのままに経験することができる。そして自らを理解し、受け入れることができるのである。

自己の内面の経験に対して開放的であることの重要性は、創造的な作家を例にとれば明らかである。この開放性によって、作家は登場人物の感情的、精神的、知的な経験に対して、最大限に幅広くアクセスすることができるのだ。しかし、この特質は、外部の世界としかやりとりがないように見える人々にも、関係がある。創造的なエンジニアは、そうでない人であれば最初から否定してしまうような直感的な思いつきや突飛な考えを、現実のものにしてしまうのである。

〈独立性〉。創造的な人は、社会的な束縛にとらわれず、自由でいることができる。一方で、ふつうの人はこうした束縛にがんじがらめになっている。創造的な人は、他人に意見を求めることに時間を費やしたりはしない。「みんながやっているから」といって、本当にみんながやっている

14　ドナルド・W・マッキノン。一九〇三年～一九八七年。アメリカの心理学者。創造性に関する研究のパイオニア。

とは限らないのだ。創造的な人は、私たちが当たり前だと思っている仮説に対して、疑問を呈する。J・P・ギルフォード(15)が指摘しているように、創造的な人は、事実と可能性のギャップを見つけることに長けている（つまり、それは彼らが事実にある程度の距離を置いているということだ）。

私たちは、独創性に恵まれた人は周囲に交わらず超然としているという、いささかロマンチックな誇張に陥ってしまいがちである。偉大なイノベーションを起こした人は、みな他人とともに仕事をしたのであって、社会的な支援や、刺激や、コミュニケーションの恩恵を受けている。彼らは独立していたが、孤立していたわけではなかったのだ。

この、創造的な人に見られる独立性あるいは超然性は、リスクを冒したり、仲間からの批判にさらされる可能性に身を置いたりするなかで、最も重要な能力である。これは、彼らに協調性がないことを意味しているのだろうか？　答えはイエスだが、必ずしもその言葉がふつうに意味する通りではない。最近の研究で明らかになった興味深いものの一つに、創造的な人は、発言や、服装や、習慣など、日常的なことについては、決まって世間と同じやり方に従うというものがある。彼らは、取るに足りないものにこだわって余計なエネルギーを消費するなどということは、そもそも考えていないようだ。彼らは、自分が気になること、つまり彼らが創造性を発揮する領域のために、独立性を蓄えておくのである。このことから、大衆が関心を寄せることがらについて、社会の慣習を否定するような、ただ自己顕示欲の強いだけの人とは、はっきりと区別することができるのである。

〈柔軟性〉。さらに広く見られる特質は柔軟性と呼ばれるものだ。これは、独創的な人の遊び心と呼ばれていたもののなかに、よく見られるであろう。こうした人たちはアイデアを楽しげに巡らし、「試着」し、いくつもの角度から眺め、それは正しいか、それとも正しくないかを自問したりする。私たち凡人と違って、ある問題に対して一つのアプローチをとることに固執したりしない。方向を変えたり、別の戦略をとったりすることができる。問題に対する先入観を捨てて、はじめから考え直すことができる。

柔軟性のなかでも、さらに重要なのは、ふつうの人があてはめる型にはまった分類や抽象概念から一定の距離を置くことができるということだ。決まった手順や、身の回りで固定化された習慣からも距離を置くことができる。さらに、自分の過去の意見や思考の癖、お気に入りの分類に対しても、一定の距離を置くよう訓練することもできる（現代の傾向として、私たちは外部

15　一八九七年～一九八七年。アメリカの心理学者。心理測定法を用いて人間の知能に関する研究を行い、問題に対する解決案を出せる創造的思考能力が必要だと説いた。

からの抑圧によって自由が制限されることに目が向いている。しかし、自分自身の強迫観念や、神経質な考えや、習慣や、固定観念によっても自由が制限されることは、忘れてしまいがちである）。

この柔軟性と関連のある特質に、心理学者が「曖昧さ耐性」と呼ぶものがある。創造的な人は、内面の矛盾に耐え、判断を留保する能力をもっている。解明されていない問題や、未解決の意見の相違などを前にしても、不快に思わない。また彼らにとって、意識と無意識、理性と情熱、美的欲求と科学的欲求など、自分のなかで相反する性質を同時に表明することは、さほど難しくないのである。

創造的な人に見られる、「子どもじみた」あるいは「幼稚な」性質について言及する研究者もいる。彼らは、身動きが取れなくなってしまうような、教えられた硬直性にとらわれていないという意味で、確かに子どもじみていて、幼稚なのである。すべてわかっていると考えている人々が持っている、壊れやすい抜け目のなさや洗練さなど、彼らの仕事には無関係である。このように柔軟であることの利点は、頑迷さを最小限に抑えながら、その経験について、あらゆる可能性を試せるということである。

〈経験のなかに秩序を発見する力〉。優れた独創性を持つ人は、豊かで多様な経験に対して自分を開放することができ、そのなかに潜む秩序を見つけ出す能力がきわめて高い。それは、経験のなかに秩序を押し込む能力と呼んでもいいかもしれない。そして、マッキノンが指摘しているように、創造性に富む人が、混沌のなかに秩序を見出す能力に十分な自信がなければ、これほど多くのアイデアや経験に耐えることなどできないであろう。

こうした創造的プロセスの側面は、これまでその価値に見合うほどの注目を得ていなかった。イノベーターが古い慣習から自らを解放することは理解していたが、新しい慣習を作り出すためにそうしていたのだ、ということは無視されてきたのである。この点について考えてみると、創造的な人の姿というものが、私たちが考えるロマンチックな姿とは違うことがわかる。芸術家などを題材にした大衆小説で描かれる独創的な人というのは、どこか無法者のように思えてしまうことが多すぎる。本当に創造的な人は、無法者ではなく法を作り出す人なのだ。歴史上、著しく創造的な業績は、どれも混沌のなかから秩序をもたらしてきた。これにより、新たな関連性が生み出され、つながりがないと思われたものがつながれ、より広い範囲のフレームワークが描かれ、より大きく、より包括的な理解に向かって前進したのである。

研究者によって、創造的な人が持つとされる特質を、さらに多く挙げることもできる。ほとんどすべての研究者が、創造的な人について特筆すべき情熱と意欲に言及している。完全に、その研究に没頭しているのだ。アン・ロー[16]の優れた科学者に関する研究によると、彼らに見られる最も顕著な特質は、懸命に、長時間働こうとする意志の強さであった。仕事に注がれるエネルギーは、ただ強いだけではなく、持続性があった。すばらしく創造的な業績というのは、何年にもわたる根気強い努力のたまものである。

他の研究者は、自信や、自己主張や、「運命に対する感覚」などについて言及している。創造的な人は、自らが選んだ分野の仕事について、やりたいこと、やらねばならないことをやり遂げる力を信じているのだ。

革命

革命家は、創造的な人と共通点があると思う人もいるかもしれない。しかし、両者はまったく異なる種類の人である。革命家のなかには、その個性からして、少しも創造的でない人もいる。革命家は周囲の状況により、現状に対抗する役割を押し付けられ、変化の担い手になることはある。しかし彼らは、自らが反対する勢力よりももっと頑迷で、創造的でないこともあるだろう。スターリンは、そういう人間だったかもしれない。また他の革命家は、生涯の一時期において創造的な局面があったかもしれないが、その創造性は戦いのなかで性格が硬直化していくうちに陰を潜めてしまった。なかには生涯を通じて創造的な人もいるかもしれないが。

革命家は、闘争を進めるうちに社会変革を起こす必要に迫られる。すると、革命家自身が頑なになり、多様性を許さない、きわめて独断的な組織を作ってしまう。このように多様性に対してきわめて不寛容になってしまうのは、革命家たちの行動が、通常は分裂しやすいものだからだ。分裂してしまう以外に、反論する合理的な方法がないのである。これは革新派であれ保守派であれ、共通して言えることだ。過激主義がたどる道であって、本質的な哲学がたどる道ではないのである。

こういうわけで、革命家は世の中の「ふつうの」人々と永遠に反目しあうことだろう。ごくふつうのアメリカのキリスト教徒が、原始キリスト教徒を家に迎え入れたとしよう。どれだけ信心深い人であっても、身の危険を感じないまでも、居心地悪く感じるだろう。現代のアメリカ

16　一九〇四年〜一九九一年。アメリカの臨床心理学者。創造的な芸術家や科学者について、知能やアルコール依存との関連を研究した。

のプロテスタント信者が、宗教改革のリーダーと近しい関係に身を置いたら、きわめて窮屈な思いをするはずだ。私たちのほとんどは、女性参政権運動の成果を認め、それを率いた勇敢な女性たちを称賛するが、彼女たちの本当に激しい運動は、同時代の人々を混乱に陥れたのである。なぜそんなに過激になる必要があったのだろうか？

それは、鉄のように硬い因習を打ち破る人々には、それなりの情熱と攻撃性が求められるからである。彼らは、目標に向かって熱心に、一心不乱に取り組むことができる。そうしなければ、失敗してしまうのである。そして悲しいことに、社会構造に立ち向かうために自らに鞭打って行動するうちに、内面にはダイヤモンドのように硬い頑迷さを作り上げてしまう。こうして、革命が終わった後に革命家をどう扱うかという、なじみ深い問題が持ち上がるのだ。

現代美術は、美的センスや、美術に対する姿勢や、技法を大きく変えた例と言えるだろう。それは、感情的な信念や情熱なしには起こりえなかった。芸術的なしきたりの足かせや、「求められるスタイル」があまりにも強力だったため、それを壊すただ一つの方法は、極端かつ過激に壊すことだった。伝統を壊すためには、作品の対象を強く感じる必要があった。嘲笑を受け止める必要があった。自分の考えを貫くために、熱情的に振る舞う必要があった。こうしたことが求められるようになると、結末がどうなるかは誰にもわからない。革命という言葉は、進歩的な人々にとっては好ましい意味を持つ。なぜなら、彼らの頭の中では、おとなしい革命家がうまく制御された革命を起こすようなイメージがあるからだ。しかし実際には、革命がそのように起きることはない。感情の集中と闘いのショックが予期せぬ結果を生むのである。現代美術の例では、それは伝統的な美術の頑迷さを、見事なまでに粉々に打ち砕くことに成功した。そして、絵画の分野に反逆と革新の神秘性をもたらし、それ以後ずっとついて回る重荷となったのである。

―第 5 章―

革新を阻むもの

心を縛る枷《かせ》

革新を成し遂げるには、何が革新を阻むのか理解しておく必要がある。革新を阻むのは、外的要因ではなく、内的要因がほとんどである。優れた経営コンサルタントであれば誰でも知っているように、ある組織のなかで革新が必要な領域を特定するのは、比較的容易である。難しいのは、そのような状態に陥ることを許してしまったもともとの原因である、習慣や考え方に取り組むことである。同じように経済学者は、低開発の社会が抱える経済問題を解決するためには、まず経済成長を阻害する習慣や、考え方や、信念の体系に取り組まねばならないことを知っている。

社会や組織を再活性化することを論じるとき、私たちは新しいアイデアを見つけることだけに重点を置きすぎる。しかし、新しいアイデアがなくて困ることは、ふつうはあまりない。問題は、それを聞き入れてもらうことなのだ。これは気難しい頑固さや、現状に対する手に負えない自己満足を打ち破ることを意味する。衰えつつある社会や組織は、新しいアイデアに対する防壁を築く。ウィリアム・ブレイク(1)の鮮やかな表現を借りれば、「心を縛る枷(2)」を作るのだ。

成熟した社会では、変革に対する抵抗があまりにも強い障壁となるため、革新にはしばしばショック療法が必要となる。国家は、きわめて重要な社会変革について、戦争や恐慌によって半ば強制されるまで対応を先送りするだろう。多くの企業は、明らかに必要とされる改革に着手するために、破産手続きを経る必要がある。

恐ろしいことに、大災害はしばしば大きな改革をもたらす。たとえば、サンタバーバラは西海岸で最も美しい都市の一つだが、その美しさは一九二五年の地震によって都市のほとんどすべてが破壊されたことに起因している。被害が甚大だったため、当時の市民たちは思慮深く再建する上でまたとない機会を得たのである。大都市のうち、災害に見舞われることなく美観を向上させることができた例がほとんどないというのは、現代の都市行政にとっては悲しい話である。

第二章で述べたように、一度凝り固まってしまった個人の信条や、態度や、習慣や、行動を

1　一七五七年～一八二七年。イギリスの詩人、画家、銅版画家。
2　「ロンドン」（収録『対訳ブレイク詩集』松島正一編、岩波書店、二〇〇四年、一二七頁）より引用。

大きく変えるには、同じように爆発的な力がしばしば必要となる。

社会は、どのようにしてイノベーションを頑なに拒む姿勢を作り上げるのだろうか？　これは、前に述べた個人が偏狭化していくプロセスと、どこか似通ったところがある。新しい組織の手続きはゆるやかで、組織構造はあいまいで、ルールは変わりやすいものである。こうした組織は、問題を解決するために、いろいろなやり方を試したがる。伝統の重みに縛られることはない。恐れを知らないので、がむしゃらに突進することができるのだ。組織が成熟して、ものごとのやり方が定着してくると、秩序が生まれ、効率的になり、システマチックになる。しかし同時に、柔軟性は失われ、革新性は薄れ、毎日経験することに対して新鮮な目を向けることができなくなる。ますます定型化される繰り返しの作業は、念入りに明文化されたルールで固められてしまう。組織の衰退の最終段階では、すべてにルールまたは前例がつきまとう。死に瀕した組織が最後にやることは、新しく増補された規則集を出すことだと言っている人もいる。

しかし、明文化されたルールはまだ問題としては小さい方である。より大きな問題は、明文化されていないルールに縛られ、身動きが取れなくなってしまうことである。このようなものには、組織が持つ態度や価値観を表し、最も貴重な資産と言えるものが含まれているかもしれない。例えば、価値基準、個人の尊重、共通の目標、高い士気などである。しかし、組織のなかで守られている伝統がすべて建設的であるとは限らない。多くの社会や組織では、習慣や前例が息苦しいほど増殖するようになる。何をやるにも、「認められたやり方」がついて回る。風変わりな実験や、過去の習慣からの過激な離脱は、完全に除外される。古株の連中は、「君は、ここでのやり方をただ覚えればいいんだよ」と言う。「ここでのやり方」が意味するところは「確実で」「正しく」「最良の」方法であるということだ。ベッセマー製鋼法を発明したサー・ヘンリー・ベッセマー(3)は、次のように述べている。

この問題に取り組んだとき、私は他の多くの人々よりもはるかに有利だった。それは、過去に確立された手法から導かれる固定観念によって、自分の考えが影響を受けたり、偏ったりすることがなかったからだ。そして、今あることはすべて正しいと信じる一般的な考えに影響されることもなかった。

3　一八一三年〜一八九八年。イギリスの技術者、発明家。

慣習や、「世間で尊重すべきとされている」基準の大部分は、創造的な精神に非常に強い圧力を加えるので、新しい発展は正統派の勢力圏外で起こることが多い。伝統芸術からの脱却は、芸術院《アカデミー》のなかで進行したのではない。ジャズはクラシック音楽の世界から生まれたのではない。ランドグラント大学(4)は、教育界のきわめて重要なイノベーションであったが、高等教育機関のエリート集団の内部から出てきたものではなく、外部からの要求によるものであった。現代の宿泊業において、最も大きな進歩であるモーテルも、高級ホテルの経営者からは軽蔑のまなざしで見られていたのである。

こうした背景を考慮に入れながら、フレデリック・ジャクソン・ターナー(5)の西部開拓地《フロンティア》の経験に関する論評を読むと、得るところが多いだろう。

フロンティアでは、一時的に慣習の束縛が解け、思うままに振る舞うことが良しとされた。(中略)フロンティアの全域で新たな機会が生まれ、過去の束縛を逃れる扉が開かれた。そこには、新鮮さと、自信と、古い社会への蔑みと、古い束縛や考えに対するもどかしさと、古い教えに対する無関心さがあった。古代ギリシャ人にとって、地中海は古い慣習を打ち砕き、新しい体験を提供し、新たな制度や取り組みを生み出す存在であったが、アメリカにとって、限りなく広がっていくフロンティアは、まさにそれ以上の存在になったのである。

成熟した社会は、イノベーターに報いることについて、特に力を入れる必要がある。なぜなら、成熟が進むとイノベーションを阻害するようになってしまうからである。すべてのやり方が確立されてしまうと、人々は先駆的な活動や、エキサイティングな試みはすべて終わってしまったと考えてしまいがちだ。イノベーションの必要性はまだ存在するのに（あるいは以前よりも大きいのに）、現実に目を向けることができない。この課題は簡単には目に見えない。一方、フロンティアではその必要性はドラマチックなほどであり、広く理解されている。ほんの少し機転が利いたり、発明の才能があったりするだけで、周囲の状況が結果に導いてくれるのである。

4　アメリカの大学のうち、連邦政府から土地の供与を受けて設立された大学。
5　一八六一年～一九三二年。アメリカの歴史学者。フロンティアの存在が、アメリカの考え方や制度を形づくる上で重要な役割を果たしたことを強調し、『アメリカ史におけるフロンティアの意義』を著した。

チョーサー[6]とシェイクスピア[7]によって、英文学は後に続く時代が及ばないほどの創造性の高みに達した。このような偉大な業績が、長い歴史のなかでなぜこんなに早く現れたのだろうかと、驚きの声を聞くこともしばしばである。しかし、もうおわかりだと思うが、この途方もない創造性の爆発は、少なくとも歴史が浅かったことが一つの要因となっている。歴史が浅かったことは、妨げにはならなかったのだ。

手段にこだわる

若者は、慎重に考えられた手続きを踏むことについて、もどかしく感じるものだ。若い組織や個人は「すぐに要点に入る」ことを求めるのである。大事なのは仕事を終わらせることであって、やり方を気にすることではない。余計なことは一切省略し、求められることのみを、できるだけ直接的に達成することに重点を置く。

しかし、目的を達成するには何らかの手段が必要であり、どんなに直情的な人であっても、遅かれ早かれ、ある方法が別の方法よりも効率的であることに気づくだろう。ものごとの手段にこだわるのは、優れた技能を持つ人にとって根源的な欲求であり、これによって人間の営みのあらゆるスタイルを説明することができる。手段にこだわることがなければ、人類の業績が頂点に達することもないだろう。

それにもかかわらず、皮肉にも「手段にこだわる」ことは、社会を死に至らせる病弊の一つにもなっている。少しずつ、方法論や、テクニックや、手続きを重視する風潮が幅を利かせていき、目的を追い求める全体のプロセスを巧みに支配してしまう。取り組みの手段が、その成否よりも重要になるのだ。結果よりも手段、精神よりも形式が重んじられ、方法論が王位に就く。そして人々は手続きの囚人となり、何かを達成するために作られたはずの組織は、それ自身が目的達成への障害となる。

それでも「手段にこだわる」ことは、健全かつ必要なことである。ときには方法論に対する盲目的な信仰に傾くこともあるが、それは私たちが生きていく上で敢えて冒さなければならない危険のようなものである。どんなに高尚で、建設的で、健全なことであっても、すべての人間

6　ジェフリー・チョーサー。一三四三年頃～一四〇〇年。イギリスの詩人。
7　ウィリアム・シェイクスピア。一五六四年～一六一六年。イギリスの劇作家、詩人。

の活動には危険がつきまとう。まるで美徳の花が傲慢の種を実らせるように、能力の花は我執の種を実らせるのである。ジョン・バニヤン[8]が言ったように、「天国の門からも、地獄へと続く道がある」のである。

これは官僚社会だけにはびこる病弊だと思い込んではいけない。これと同じような過程を経て、芸術家は自分のスタイルの囚人になり、文明はその偉大な業績の囚人になるからである。まるでエイハブ船長[9]のように、己の執念が自らの破滅を招くのである。

規則と習慣が蔓延するようになると、人々の振る舞い方がますます重視されるようになる。称賛されるのは、やる気に満ちた人でもなく、ものごとをやり遂げる人でもない。規則と伝統的なやり方に関する深い知識を持ち、それに従ってどう振る舞うべきかについて、微妙に調整されたセンスを持ち合わせている人である。実際に何を成し遂げるかということは、重要ではなくなる。この段階に至ると、確立された運営規則に頼ることなく、独力で仕事をする能力に、自信が持てなくなるのだ。

このように、規則、習慣、手続きが蔓延することにより、エネルギーが封じ込められる。より正確な表現をすれば、エネルギーは分散され、小さくなって、それぞれが服従させられてしまうのである。規則を習得する長いプロセスが、エネルギーを抑え込み、すべての情熱や、自発性や、創造性を壊してしまうのだ。社会が未開拓だったり、組織が若かったりすると、こうした力は働かない。驚くほどの自由なエネルギー——あり余るほどのエネルギー、複雑な手続きによって弱められていないエネルギー、官僚主義によって打ち消されていないエネルギーが、供給されるのだ。

このように見てくると、興味深いコントラストに気づく。成熟した社会や組織は、手続きや、技法や、様式については、きわめて高い自信を持つかもしれないが、目的を達成する能力については、大きな懸念があるかもしれない。対照的に、若い社会や組織は、経験が少なく、規則に縛られることのないエネルギーに満ちていて、活力や、推進力や、目的を達成するための適応力には自信があるが、手続きや、習慣や、様式については劣る。古いものを駆逐する、新しくて力強いものは、彼らがとって変わろうとする古い体制に比べて、様式や、洗練さや、深みのある多彩で精緻な文化などの面で見劣りしがちである。

8　一六二八年〜一六八八年。イギリスの伝道師、文学者。プロテスタント世界で最も広く読まれた寓話書『天路歴程』(池谷敏雄訳、新教出版社、一九七六年)の著者。

9　ハーマン・メルヴィルの長編小説『白鯨』(八木敏雄訳、岩波書店、二〇〇四年)の登場人物。自らの片足を奪った「白鯨」への復讐心に支配され、洋上を放浪するが、結局は命を失う。

変革の荒波から逃れるために人々がとる共通の戦術は、道徳の高台に立つことである。昔ながらのやり方は古い道徳観や精神性と深く結びついており、変化によって脅かされる、と主張する。たとえば十八世紀から十九世紀のロシアが西欧の優れた技術革新に直面しなければならなくなったとき、スラブ国粋主義者はロシア魂を声高に叫んだ。現代インドの著述家たちが西欧技術の浸透はインドの精神性の深さと釣り合わないと主張するのと同じである。新しいものは、古いものに比べてふつうは野蛮に見える。生まれたばかりの時代は、死にゆく時代に比べてたいてい精神性に劣り、深みのある価値が少ないように見える。継続的に自己革新する秘訣を習得した社会は、そのような印象によって誤った判断を招いたりしない。長い間信じられているから道徳的に価値がある、などという考えは認めないのである。

社会や、組織や、社会的運動《ムーブメント》には、イノベーターや創造的な精神が栄える段階と、鑑定家や批評家が栄える段階があると言われてきた。鑑定眼が最高に発達するのは、衰退への道をたどる途中であるというのは本当だろうか？　これは賛否が激しく分かれる指摘だろうが、手に負えないからといって片づけてしまってはいけない。創造的な精神は、無秩序である。新しく、ダイナミックな動きは、ふつう「やり過ぎる」。その段階では共感を得ることができない。なぜなら、最高権威の価値観によって気難しく選り好みされたり、恣意的な判断が下されたりするからだ。そして、発展の最終段階における教育は、自然と権威に傾くということも、認めなければならない。したがって、創造性に重きを置く両親がその子どもたちに与える教育は、創造性の芽を摘み、彼らを小さな鑑定家にしてしまうという皮肉な状況が起こる。

「昔はよかった」とか「古きよき時代」というように、過去を美化するノスタルジックな言葉ほど、身近なものはない。たしかに、これは習慣の重みや、成熟した文明の正確さや複雑さによって、組織のなかでますます活力が抑制されることに対する、いくらかの抵抗なのである。人々は、複雑な手続きによって心の衝動が押さえつけられたり、打ち消されたりすることのなかった時代に憧れを抱く。人々は、精緻に紡がれた識別力など重要ではなく、単純で、わかりやすい価値観が広がっていた時代に憧れを抱く。人々は、今ほど責任が重くはなかった時代に憧れを抱く。まるで、ホーソーン(10)が大英博物館を訪れたときのように。

10　ナサニエル・ホーソーン。一八〇四年～一八六四年。アメリカの小説家。

私は、重く疲れた気持ちでホールからホールを歩き回った。エルギン伯の大理石彫刻のコレクションや、パルテノン神殿の壁飾りなど、すべて燃えて石灰になってしまえばよいと思いながら……（おお神よ、許したまえ）。現代は、あまりにも過去という重荷を背負わされすぎている。私たちは、この世に生きている間に、生命の温もりや、身近にあるものを味わう時間すらないというのに、遠い昔の人間の営みが生み出し、永遠に放棄した古い抜け殻を、こんなにも積み上げている。そして、これからも絶えず追加されていく重荷をすべて背負って、将来の世代がどのようによろめき進むことか、私には想像もつかない。

しかし、古く素朴な時代に対する郷愁は、いつの世でも社会や歴史に関するゆゆしき妄想の原因だったのである。原始的な社会は、現代の人々が経験するよりも、はるかに厳格な構造を持つ規範や習慣を備えていたかもしれないのだ。十七世紀後半のマサチューセッツ湾植民地(11)での生活は、実質的には、現代のアメリカ人が我慢している以上の過酷な規範や先例に支配されていたのである。

これは、心強い事実である。硬直化した共同体は、後からその硬直性を打ち破るかもしれない。私たちの社会は、不可逆な成熟化のプロセスには陥らないということだ。事実、健全な社会における修正メカニズムについては、十分な証拠がある。芸術であれ、習慣であれ、社会構造であれ、複雑に精緻化する傾向は、往々にして自らの重みによって倒れる。そして人々は、自らの人生との関わり方や、他人との関係について、もっと単純なものを再び探すのだ。

既得権益

個人や組織が本来持っている柔軟性や冒険的気質が失われていく原因として、所有物の蓄積による変化ほど、広く知られているものはないだろう。既に持っているものを失うまいとする人は、自らの意志や必要に迫られて「身軽に旅する」人よりも、ずっと冒険的気質に乏しい。私たちは、ある意味では自らの持ち物に所有されているのだ。ウィリアム・ジェームズ[12]

11 Massachusetts Bay Colony. 十七世紀の北米東海岸にイギリスが創った植民地。
12 一八四二年〜一九一〇年。アメリカの哲学者、心理学者。

が書き残しているように、「何かを持つことを基盤とする生活は、何かをすることを基盤とする生活や、何者かであることを基盤とする生活よりも、自由が少ない」のである。

これは、単に所有に限った問題ではない。すべての責務について、同じことが言える。人は借金をし、分割払いをし、保険を契約する。企業は簡単に廃棄したり建て替えたりすることのできない、手の込んだ設備を取得する。

名声や地位のように、物質的なものでなくても、積み重なっていくと私たちを押しつぶす重圧になりうる。手堅いという評判が傷つくのを恐れるあまり、実験的な試みを避ける組織もあるだろう。優秀な学者たちの多くは、過去に発表した学説に縛られて、創造的な才能を自ら埋もれさせてしまう。名声を得た専門家の多くは、専門外に手を広げることによって、名声を失ってしまうのではないか、と危惧している。たしかに学問の世界において、こうした恐れは知識を広げていくことに対する最大の障害物になっているのである。

「失うものなどない」という状態に戻りたい人などいないのだから、こうした恐れを抱くことになるのは避けられないと言ってしまえば、慰めにもなるだろう。これは所有の問題というよりは、所有にあたっての心構えの問題である。もし裕福な個人や組織が、蓄えを維持することにだけ力を注いだら、裕福さは死に至らしめる力になりうるだろう。しかし、もし裕福さを余裕と捉えれば、つまりその環境のなかで創造的な試みをぜいたくに楽しむことのできる余裕であると考えれば、裕福さは天の恵みになりうる。生存ぎりぎりの蓄えしかない個人や組織は、創造的な行動をとる余裕がないのだ。

組織の場合、資産と方針の性質が大きな問題となる。大企業の管理職であれば誰でも、行動の柔軟性を制約する方針と、行動の柔軟性や方向の容易な変更を認める方針に違いがあることを知っている。しかし、その柔軟性が、継続的な革新にとっていかに重要なことであるかを理解している者はほとんどいない。継続的な革新という目標に使われることが決まっている資産は、決して重荷にはならないのである。

既得権益は、成熟する社会にとって別の問題をもたらす。これは、主に富と権力に関連することだが、企業を学ぶ者であれば誰もが知っているように、労働者の既得権益は、経営陣の既得権益と同じくらい強い。既得権益は、ワイシャツであれ、失いたくないと思う権利や特権であれ、人が何かを手に入れたときにいつでも発生するのである。組織のなかで確立されたものごとのやり方は、それが論理的だからとか、習慣だからという理由で定着化しているのではない。それを変えると、特定の個人――それが社長のことも、保守要員のこともある――の権利や、特権や、利益が危うくなるからである。

個人が既得権益を持つようになると、組織自体は硬直化する。そして、民主的な形をとる組織であっても、この結末から逃れることはできない。実際、組織が民主的であればあるほど、その構成員の既得権益が組織の政策に鮮明に反映されるのである。したがって、停滞した民主的な組織は、変化に対して特に強い抵抗を示すことがある。

単科大学や総合大学における必須科目に関わる規程の多くは、非常に高邁な学問的理由により擁護されているが、同時にこれらの科目に関わる教授陣の職業上の利益によって、強力に支持されている。ほとんどの自治体における建築規制には、その自治体のなかの建築会社、保守会社、不動産業者など、特定の立場を守る条項が含まれている。労働運動における勤怠ルールや、水増し雇用の要求や、過度に厳しい高齢者に関する条件や、クローズドショップ[13]などは、みな既得権益を具体化しようとする取り決めである。

私がここで指摘したいのは、既得権益が存在しているということではない。こうした指摘は過去にもされてきた。私がここで指摘したいのは、こうした既得権益が、硬直化を生み、変化を起こす能力を低下させる上で、最も大きな力であるということだ。そして、これは組織や社会を死に至らせる病弊なのである。

13　全従業員が単一組合に加入し、使用者は組合に加入している労働者のみを雇用し、脱退や除名をされた者は解雇する制度。米国では一九四七年のタフト・ハートレー法で禁止され、日本では見られない。

—第 6 章—

圧制者なき圧制

形式による圧制

社会を新たな解決に向かわせたり、破滅に追い込んだりする変化の潮流は、日々渦巻いている出来事の波よりもずっと深いところを流れている。この大きな潮流に比べれば、私たちが一生のうちに目にする世の中の動向は表面的な流れであり、新聞の朝刊を賑わす危機はほんのさざ波のようなものでしかない。

この深い潮流のうち、おそらく最も重大なものは、ここ何世紀かの間続いている、より大きく、より複雑で、高度に組織化された社会的集団を作り出そうとする動きである。

本章では、この動きを詳しく見ていくことにしたい。なぜなら、それは個人の自由と誠実さを脅かすからであり、社会が革新できるかどうかは、究極的には個人にかかっているからだ。個人は変化の苗床であり、発明者であり、イノベーターであり、古いやり方の批評家であり、新たな地図の製作者である。ジョン・スチュアート・ミル(1)は、「国民を委縮させて、使いやすい道具にしようとする国は、能力の低い国民を使っても偉大な目標は達成できないことを痛感する結果になるだろう」[2]と書いている。ここには、「新しいこと」「自己革新」「再活性化」を達成できない、と付け加えるだけで十分だろう。

無学、病気、栄養不良、政治的・経済的服従などは、いまだに個人の成長を委縮させる大きな要因である。それに加えて、現代の思慮深い人であれば誰でも、大きな組織によって個人に課せられる、新しくて捉えどころのない制約を憂えている。そして、先に挙げた過去の悪弊に打ち克ったとしても、新しくて効率的な圧制の支配下に置かれるだけではないかと恐れている。

ますます複雑さを増し、すべてを巻き込むように発達していく社会組織が、それ自身の働きによってこの状況を逆転させるだろうと期待するのは無駄である。現代社会の特徴は複雑な組織にあり、それは必然である。選択の余地はない。私たちは、大きな組織が個人に対して与える圧力に、できるだけうまく対処しなければならないのだ。社会批評家たちにとって、

1　一八〇六年〜一八七三年。イギリスの哲学者、経済学者。功利主義提唱者。著書『自由論』は日本にも影響を与えている。
2　『自由論』（山岡洋一訳、二〇〇六年、光文社）二五一頁より引用。

この圧力は格好のテーマだが、それをここで論じるのは適切ではない。しかし、このテーマにまつわるいくつかの混乱を、ここで整理しておくのは有益だろう。

このテーマに関して現在行われている議論の欠点の一つは、それが悪役を見つけようとする傾向にあることだ。現代の個人が陥っている苦境の本質的な特徴は、悪役などいないということである。ある社会的階級が、他を支配しているという問題ではない。ある教義の信奉者が、他の教義の信奉者を抑圧しているという問題でもない。個人を押さえつける圧制者などいないのだ。あの疲れた古い化け物、マジソン・アベニュー(3)でもなければ、あの気まぐれな新しい化け物「権力体制《エスタブリッシュメント》」でもない。個人を支配しているのは、現代社会の本質そのものなのである。それにもかかわらず、悪役探しは続く。そうすれば、悪役を探し求める人々の感情の欲求は、明らかに満たされるのだ。

当然ながら、ここには抑圧者が存在する。これをよく観察すれば、何かを学べるかもしれない。私たちは、人々の希望を踏みにじる者として、いまだに典型的な独裁者を思い浮かべる。しかし、人々の意志の表れを気にもかけない完璧な圧制など、現代の政治動向からすれば最も時代遅れである。現代の真の独裁者は、大衆に逆らうことなく、「大衆を通じて」その目的を達成するのだ。彼は大衆の野望を操縦し、権力を得る。彼は大衆の希望や恐れを操作し、大衆の歓呼を得て権力の座に就くのだ。こうして現代の独裁者は、これ以外の方法であれば大衆の反対を押し切らねば樹立できなかったであろう統治機構を、大衆の同意のもとに作り上げることができるのだ。このプロセスは、現代のいくつかの国家や、地域社会や、労働組合などに見られる。

こうしたことがどのように起こるかを理解できれば、大衆が自らの圧制をいかにして作り出すかを理解できるだろう。個人の自由の侵害が避けられないとしても、それが民主的に行われていると思えば、気休めにもなる。しかし、自由を失っていることに変わりはないのだ。

最後に、これまで見てきたように、個人の自由に対する脅威は、権威との関係や、従属や、何らかの政治的な状況から生まれるわけではなく、習慣や、伝統や、「正規の手続き」とは何かという概念から生まれる。これらは、どんな圧制にも劣らないほど、威圧的になれるのだ。

現代の組織が個人に与える圧力に関する、もう一つのよくある誤りは、保守主義と自由主義、あるいは政府と私企業という対立構造で説明しようとするものだ。これほど紛らわしいものは

3　アメリカの広告業界を指す。

ない。自らを厳格な個人主義者だと認める保守的な政治姿勢の人々が、現代的な企業を作り出した。これは、個人に問題をもたらす、巨大な社会組織の典型例である。自らを自由に対する献身的な味方であると考える自由主義《リベラリズム》の人々が、「大きな政府」や「強い労働組合」の急先鋒となった。これは、どちらも個人にとって広い範囲で問題をもたらす。

本当のところ、現代の個人が直面する危険に責任があるのは、保守主義者でもなければ、自由主義者でもない。「忍び寄る社会主義」や「物欲社会」にも責任はない。現代の大衆社会はさまざまなイデオロギー情勢のもとで発展した。巨大な社会組織の技術は、いかなるイデオロギー集団の所有物でもない。大衆社会の特徴である巨大都市は、日本、インド、ロシア、アメリカなどにおいて、同じように急速に発展したのである。

さらに、別の誤りを挙げよう。多くの人が指摘しているように、現代の社会組織が持つ「冷酷な」側面は、科学と技術に責任があるというものだ。この見方はきわめて感情的に根深く、議論してもあまり意味がない。むしろ、こうした見方をする人はずっと怒りの感情を抱えていたいのだ。

しかし、現代の産業主義において、最も残酷な仕打ちを受けた労働者でさえ、たとえばピラミッドを造ったエジプトの奴隷ほどみじめではなかった。問題を起こすのは、先進的な技術ではない。問題の根源は、他の目的のために人間的な価値を犠牲にしようという態度である。これは、おそらくファラオの時代から現代に至るまで、たいして弱められることなく根強く生き残っている。

現代の技術は、必ずしも美的価値観や精神的価値観、社会的価値観を破壊するわけではない。しかし、私たちにその技術を管理し、これらの価値をきちんと守る覚悟がなければ、間違いなく破壊してしまうだろう。

大衆社会における圧制とは、誰かが誰かの首を踏みつけるという話ではない。これは形式による圧制である。大衆社会は共通点を探す。膨大な人の数が、各人の個性を尊重することを不可能にする。大衆市場に売り込むには、規格化が必要である。大衆文化は均質化される。政治キャンペーンですら、市場調査員によって立案される。

高度に組織化された社会による厳しい要求の結果、コミュニケーション、情報処理、原価計算、人事、広報活動などにおいて、巧妙かつ強力な管理手法が生み出される。こうした手法は、意図的な圧制を目的として計画されることはめったにない。しかし、個人の欲求に対する意識に欠ける者の手にかかると、こうした技術は人間を「機械的に操作する」結果に至ることが、あまりにも多すぎる。

「長い物には巻かれろ」という大勢順応を生み出す圧力は、よく誤解されている。複雑な現代社会における精密に絡み合ったプロセスは、個人に高いレベルで予測可能な行動を要求する。個人が組織に従うのは、組織を円滑に運営する上で合理的な方法であると思えるからだ。奇抜な信念や、一般受けのしない意見、異常な行動などは、邪魔になる。人事部長は、組織に適合する人材を探す。親たちは、「みんなに好かれる人になりなさい」という。イメージコンサルタントは、どんな市場でも流通するコインのような、当たり障りのない人物になることを勧める。ときどき、キルケゴール[4]のような人が現れて、「大衆など実在しない」と叫ぶかもしれないが、世の中の人々はもっと現実的なものの見方をするのである。

継続的な活力を確保するために、自由で創造的な人々を必要とする社会にとって、長期的に見た場合の危険は明白である。さきほど述べた順応化のプロセスは、それ自体がとらえがたく、表に出にくいために、ますます危険が増すのだ。

さらに別の問題は、現代社会の複雑なプロセスが、過度な専門化に向かわせる傾向にあるということだ。これについては、第三章で詳しく述べた。専門化することによって、本来ならば是が非でも残しておくべき個人の完全さ、多才さ、標準的な能力などが、かなり失われる。すると、世界と自分のつながりを理解できなくなってしまうばかりでなく、こうしたつながりを探るための時間や気持ちの余裕を失ってしまう。複雑な組織の型に自らを押し込み、小さくまとまることに腐心してしまうのだ。

現代社会の明らかな危険の一つに、自らの人生や職業について、意味のある決断を下す機会を失ってしまうことが挙げられる。自分が組織のなかの歯車のように思えてしまうために、本当に歯車になり下がってしまうのだ。そのような人々は、集団のなかで無気力な部品のような存在になっていることが、あまりにも多い。大切な決定事項には一切関わることなく、まるでバケツのなかの砂のように、ただ運ばれていくだけである。

マルカム・カウリー[5]は「失われた世代[6]」について、次のように書いている。

4 セーレン・オービエ・キルケゴール。一八一三年〜一八五五年。デンマークの哲学者で、実存主義の提唱者。

5 一八九八年〜一九八九年。アメリカの詩人、批評家。評論を多く発表しアメリカ文学に大きな影響を与えた。

6 Lost Generation. 欧米諸国において、第一次世界大戦によって社会と既成の価値観に懐疑的になり、社会のなかで迷った世代。狭義には、一九二〇年代〜三〇年代に活躍したアーネスト・ヘミングウェイなどのアメリカ作家の一群を指す。

けれども社会の衰退は、人間心理にとっては進歩とたいして違わない——どちらも人の力の及ばない過程で、僕らがそれを早めたり、遅らせたりすることはできないのだから。社会とは、僕らの人生や、僕らの書いたものが決して影響を与えることのできない、なにかよそよそしい代物だった。僕らは特別車両の乗客で、乗り心地は最高なのだけれど、自分で行く先を決めることは決してできなかったのである。(7)

社会の高潔さにとって、このような態度が招く破滅的な結末は明白である。全体との関わりの意味を少しでも理解できなければ、個人は個人らしく振る舞うことができるという、生き生きとした感覚を持ちつづけることは難しい。自分の尊厳を意識することも、自分の役割と責任を自覚することもできないのだ。そして、傍観者としての役割を決めこみ、受動的な態度に沈んでいく。

現代社会にとって、このような結果を防ぐのは容易ではない。個人は抽象的概念の網に絡まって身動きが取れないでいる。顔が見える上司のために働くのではなく、企業に雇用されている。通りの向こうにいるライバルと争うのではなく、市場原理に向き合っている。自分の手で製品をこしらえるのではなく、紙をめくり、数字を操り、ボタンを押す。顔も見たこともない人々からの注文を受け、誰が影響を受けるかも知らないまま推奨する。ある著名な政府関係者は、現代の組織における生活について、とても印象的なエピソードを披露してくれた。「自分で書いていない文書に署名し、自分が書いた文書は他人が署名する」と。

工場の組み立てラインに関する古典的な批判は、作業があまりにも整然としているために、労働者は判断すべきことがほとんどなく、自分で作っているものがどんな結果に結びつくか、決して経験することがないというものだ。ここで注意しておくべきなのは、仕事のやり方が整然としているからそのような結果になるのであり、機械そのものは邪悪ではないということだ。機械化に対する感情的な攻撃は、たいていこの点を見逃している。機械化そのものには、それほど問題がないのである。バケツリレーは、組み立てラインと同じくらいイライラするものだろう。問題は、個人の欲求を無視した仕事の割り振り方にあるのだ。

これは、現代の巨大な組織にとって、ある程度は避けられないことである。規模の経済は

7 『ロスト・ジェネレーション』（吉田朋正／笠原一郎／坂下健太郎訳、みすず書房、二〇〇八年）二十五頁より引用。

意思決定を集中することによって達成できる。現代社会は、こうした集中化を成し遂げるために、信じがたいほどの創意と工夫を凝らしてきた。ケーキミックスからコンピュータまで、数えきれないほどの仕組みや装置が、人々を判断という重荷から解放してきたのだ。私たちがこうしたものにどっぷりと浸かり、お仕着せの商品を受動的に消費し、あらかじめ決められた仕事を考えもせずに実行するようになると、批評家たちが懸念したのも無理はない。

　しかし、かすかな生存本能に駆られた個人は、自分の裁量で判断を下せるものを求め、趣味に手を出すようになる。ＤＩＹ[8]のトレンドは、注目に値する。たとえば高級オーディオ機器の市場では、顧客が自ら組み立てることを楽しめるように、メーカーが部品を一揃いにして販売している。こうしたメーカーは、現代において最も力強い潮流に逆らっているということだ。産業界は過去一世紀の間、消費者は受け身で愚かだという想定のもと、誰でも簡単に扱えるプレハブ式の商品を提供することに、計り知れないほどの発明や技術を注ぎ込んできた。しかし、いまや消費者のうちかなりの割合の人々が、こうしたプレハブ式の発明では満たすことのできない欲求を抱えていることが明らかになっている。彼らは、手と頭を働かせて具体的な仕事がしたいと思っている。何かに頭を悩ませ、何かを形づくり、何かのために汗を流したいと思っている。こうした事実が示唆することについては、まだほとんど理解されるに至っていない。

自由のための組織化

大規模な組織が、必ずしも個人の自由を狭めるわけではない。いくつかの観点では、自由を広げることもある。

組織が大規模になったからこそ、以前には望むことすらできなかった自由を謳歌できるようになった。たとえば、巨大で緻密に組織化された医療研究機関によって、人類を何世紀にもわたって苦しめてきた疫病から、私たちを解放してくれる新発見がつぎつぎと生まれている。都会の大きな大学は、人によっては工場と大して変りないという批判はあるかもしれないが、何百万人もの低所得労働者に対して、無知を克服し未来を切り拓く機会を提供しているのだ。

小さな街から大都会に移り住む人は、あまり経験したことのない自由を手に入れることになる。

8 Do It Yourself. 専門業者に依頼せずに住居の補修や改善などを自分で行うこと。

小さな街にありがちな退屈な生活態度や、他人の行動に対する干渉や詮索などから解放される。それだけでなく、都会には住居、消費財、娯楽、人付き合い、文化、職業など、あらゆる側面においてより多くの選択肢がある。

もちろん、こうした自由はすぐに当たり前のものとなる。人は、選択の幅が広がったことに気づくと、さらに選択の自由に対する期待を高めるものだ。新しい自由を与えられたことに感謝するのではなく、まだ制約が残っていることに対して憤るのである。私たちは、このことを念頭に置かなければいけない。現代の世界は不満の種を作り出したのだが、それと同時に不満を抱える人を作り出した。その数は、私たちの祖先の時代よりも、はるかに多いのである。

先日、ある大学の友人を訪ねた際に、このことをますます深く思い知った。彼は冷房のきいた書斎に座っていた。後ろには高級オーディオセットとレコードの棚があり、過去三世紀にわたる音楽の傑作が取り揃えてあった。目の前の机には、大学図書館を通して入手したエジプトの古文書のマイクロフィルムが置いてあった。そして、直前に行ってきたロンドン、パリ、カイロへの十日間の旅について話してくれた。最新の考古学的発見について意見を交わしてきたのである。要するに、彼は現代の技術と社会組織から、すばらしい恩恵を受けているということだ。それにもかかわらず、そのとき彼はどんな仕事に取り組んでいただろうか？　現代の技術と大規模な組織が生み出す、ひどい害悪について論じたエッセイを文芸誌に寄稿しようとしていたのである。

組織の巨大化と複雑化には、上下関係の強化が伴うと指摘する批評家もいるが、人類学者や歴史家はこの見方に同意しないだろう。階級制の精神は、一人の上司とその秘書だけからなる組織においても、ゼネラルモーターズのような大企業と同じように、激しく増殖する。会社の規模が小さいからといって、必ずしも大企業よりも平等主義的な雰囲気を従業員に提供するとは限らないのだ。前近代的な社会構造を持つ小国家は、近代国家と同じくらいか、ふつうはそれ以上に、権威主義的であろうとするものだ。実際のところ、原住民の部族や産業革命以前の共同社会では、現代社会よりもはるかに強く、個人に対して集団への服従を求めたのである。

つまり、組織の規模が大きいからだめだと決めつけることはできないのである。このことが、問題をより難しく、そして面白いものにしている。組織は私たちに恩恵を与えると同時に、束縛する。私たちの可能性を広げると同時に、閉じ込める。その功罪を見極めるためには、高度な識別能力が求められるだろう。また、そうすることによって、すべては組織化のパターンに依存していることが理解できるだろう。

私たちは、単純な世界に戻ることはできない。現代の社会批判のほとんどは、この事実に向き合うことを拒んでいるので、多くが的外れである。この社会の圧力や騒音が、たとえばブルターニュ地方の静穏さと比べて好ましくないというのは事実だ。しかし、そう比較してみたところで、私たちに選択の余地はないのだ。私たちは、現代の世界に住まなければならない。経済、生産、社会的・政治的・文化的な生活のなかで、組織をますます複雑化させる圧力に抵抗することはできないのだ。私たちは、新しい組織化の方法を習得《マスター》しなければならない。さもないと、私たちは組織に支配《マスター》されてしまうだろう。

現在、最も期待できるのは、一枚岩的な集合体につきものの無力化や、硬直性や、自由に対する脅威を避けるような組織の形が、ある方面においては実現されつつあるということだ。もしこれが本当ならば、私たちの未来にとって最も重要な事実になるだろう。

規模の経済を達成しつつ、個人の欲求に注意を払うことは可能である。これまで、組織の仕組みを企画する際には、あらゆる種類の厳しい要求事項を満たすことが求められた。しかしそのなかで、参加者の自己実現と成長に寄与するような要求事項だけは、あまりにも頻繁に無視されてきた。人間の自発性を破壊してしまうような組織をわざわざ作る必要はない。しかしそうなってしまったのは、私たちがものづくりに発揮したほどの発明の才能を、組織づくりに発揮しようとしなかったからである。

私たちは、今後数年間のうちに、組織が個人に与える影響を大がかりに分析する必要がある。私たちは、どんな条件のもとで組織が個人の脅威になるか、どんな組織化のパターンが最も大きな脅威になるか、その脅威を最小化するためには組織にどんな安全機構を組み込むことができるかを研究する必要がある。私たちは、組織や技術システムを企画する上で、どうすれば個人の才能が最大限に発揮され、人間としての満足感や尊厳が保たれるかを見出す必要がある。私たちは、技術の恩恵を受けるにあたって、それが最終製品だけでなく、生産工程にも広がる方法を習得する必要がある。

現代の批評家のなかには、組織化された世界と闘うためには、できる限り「世捨て人」のようになるべきだと考える人もいる。サミュエル・ゴールドウィン(9)の名文句を借用するなら、「私は除外してくれ(10)」ということだ。私たちは、いつの日か、過度に組織化された社会に対して拳を振り上げる人に対して、感謝の念を抱くかもしれない。しかし、そのような戦術には

9　一八七九年〜一九七四年。アメリカの映画プロデューサー。MGMの前身を作った会社の一つ、ゴールドウィン・ピクチャーズを創設した。

10　原文は Include me out. in と out が矛盾するのでユーモアとなる。

限界がある。もし、自由とは、賢く闘って勝ち取るに値するものだと考えるならば、組織生活における特定の要素が、なぜ、そしていかに個人に対して有害になり、また他の要素が有益になるかを知っておくべきだろう。

しかし、知識だけでは、決して十分ではない。知識は、私たちを自由にしてくれる一方で、奴隷にしてしまうものでもある。実際に、私たちの社会における高度な技術的知識は、しばしば個人の主体性を損なうように使われてきたのである。知識が安全な武器となりうるのは、組織とは人間のために作られているのであって、組織のために人間が作られているのではない、という信念と深く結びついている場合に限られる。

このような知識はすべて、個人の自己実現につながる環境を作るためにある。自分たちのために作った制度によって、不利益を被るのは愚かなことだ。私たちは人間とその諸制度の間に起こる衝突をなくすことはできない。それを望むこともないだろう。しかし、どんな組織であれ、その組織に所属する個人の才能を伸ばすことを目標の一つにすべきである、と要求することはできる。

私たちは、組織についてもっと深い理解を得るまでは、私たちに奉仕するように設計したはずの組織において、あれこれ不満を言う被害者でありつづけるだろう。ちょうど現代の生態学者が自然のバランスに関する知識を生かして、自然の力を害虫の駆除に利用しているように、社会学者たちも組織に関する知識を生かして、自由のための組織化に利用することができるはずだ。

「自由のための組織化」という言葉は、組織化そのものは個人の自由の敵であるとみなす知識人が多い現代において、逆説的な響きを持っている。しかし実際には、私たちはこれまで長い間、自由のための組織化を行ってきたのだ。私たちの法制度や憲法の体系は、つまるところ、他人や組織自体による不当な扱いから、個人を守ることを目的として進められてきた社会の組織化の一側面なのである。

私たちが意識的に努力しなければ、私たちの自由などほとんど存在しないだろうということは、よく覚えておいたほうがいい。私たちの大多数は、自由というものが自然な状態であり、自由がないのは不自然で、人為的で、故意によるものだと考える傾向にある。私たちは、まるで日光や新鮮な空気のように、自由というものは、誰かが力ずくで邪魔することがない限り、いつでも手に入るものだと想像している。しかし、これまで見てきたように、人類の歴史のなかで、自由はきわめて希少なものだったのだ。それは文明における壊れやすい産物であり、その存在は特定の思考習慣が広く普及しているかどうか、あるいは特定の制度が広く一般に認められているかどうかにかかっている。このことを、あえて強調するのにはわけがある。現代人のなかには、社会全体のことなど考えもせずに、個人主義の考えに強く惹きつけられ、主張している人々がいる。彼らは、社会が個人に対して与える影響には、破壊的なものしかないと考えているのだ。

しかし、自由な社会があるからこそ、私たちは自由なのだ。もし、私たちが自由でありつづけたいと思うのであれば、自由な社会が健全であるか、活力があるか、生存力があるか、そして革新する能力があるかどうかということに対して、もっと気を配るべきなのである。

―第 7 章―

革新の条件

枯木と苗床

社会にとって、革新の必要性を認識するだけでは不十分である。秩序だった変化を起こすためには、制度上の仕組みがなければならない。

多くの知識人たちによると、自由とは代替策や選択肢が存在することである。個人が行動を起こす上で選択の余地がなければ、その社会や組織は抑圧的であるということだ。これが意味することは明白で、多様な社会——一つではなく多くの判断の機会がある社会、権力が一つに集中するのではなく広く分散されている社会——の長所を浮き彫りにする。このような社会では、たった一つの「公式見解」しか認められないのではなく、さまざまな意見が受け入れられる。政治的、経済的、社会的なことがらに関するイニシアチブは、一カ所からではなく多くの場所から始まる。個人には、複数の所属先や伝達経路を通じて情報を取得し、自分自身の意見を表明する機会がある。

社会を成長と衰退のサイクルから救うために、多元主義ほど重要なものはない。革新を永遠に繰り返すことのできる組織や社会は、永遠の若さを信じているのでない。自らが年老いていくこと、そのために何か手を打たなければいけないことを自覚しているのだ。これを森にたとえれば、次々と木が枯れていくのはわかっているので、新しい苗床をいつも準備しておくようなものだ。苗木は新しいアイデアや、新しいものごとのやり方や、新しいアプローチに相当する。仮にすべてのイノベーションが実行に移される前に一つの意思決定機関を通過しなければならないとしたら、生き残るチャンスは一度しかなく、その可能性は低くなる。多くのイニシアチブと意思決定の主体がある組織では、イノベーションは生き残る可能性が高くなる。十人の意思決定者のうち、九人が反対しても、最後の一人に認められるかもしれないからだ。もし、それが価値のあるものだとわかれば、反対した九人も後に認めるだろう。

自由な社会だけが、継続的に革新しつづけられる組織形態ではない。むしろ、それには程遠い。革命によって権力を握る全体主義体制は、急激な大変革を成し遂げるには好都合かもしれない。しかし長い目で見ると、こうした変革のエネルギーの爆発には危険が伴う。それが弱まっていくだけでなく、深刻な硬直性に置き換わるからだ。そのため全体主義の社会は、自由な社会に比べて世代から世代へと受け継がれていく継続的な革新には向いていない。これは前章までに触れた理由から、正しいと言える。柔軟性と適応力を生み出す諸制度を欠いているからだ。

もし社会がたった一つの公式見解に支配されていたら、新しい観点を抱こうとしても、計り知れない重圧と苦悩をもたらすだろう。多様な観点がすでに存在する社会であれば、新たな観点が生まれても目立たない。オープンな社会では、コミュニケーションの自由によって、新しいアイデアを古いアイデアと闘わせることができるようになる。

歴史を振り返ると、社会の変革には、いつも社会組織の大きな混乱が伴ってきた。しかし開かれた社会には新しいアイデアを試し、生き残ることを許す仕組みが備わっている。暴力なしに、大きな変革が達成される。特に重要なのは、「忠実なる反対」という概念である。これは、政府には従うけれども、その政策には反対するという人たちが果たす正当な役割が存在するという考え方だ。同じように重要なのは、意見の衝突に裁定が下され、反対意見も秩序ある枠組みのなかで機能するような政治的、法的、社会的な慣行が自由な社会のすべての領域に確立されていることである。

一枚岩の統合に対する最も重要な安全装置の一つは、権力を分散し抑制するという、私たちの伝統である。私たちの政府の権力は制限され、政府の内部にすら、抑制と均衡、対立、競争、対抗勢力などが存在し、イニシアチブが生まれる場が数多くある。大企業は、他の大企業や多くの中小企業と互いに競い合い、多くの場合、政府や労働組合によって監視されている。一方で労働組合は、組合内部のことがらについてさえ一枚岩になるにはほど遠く、目的を達成するには政府と企業の両方に対応しなければならない。

組織化されたものであれ、そうでないものであれ、政治に影響力を与えられる集団が多数存在すると、社会は間違いなく流動化する。こうした集団が離合集散を繰り返し、お互いにうまく立ち回り、地歩を固めたり失ったりすると、社会は全体として柔軟性を保っていくのである。

多元的なアプローチは無駄で混乱を招くという、効率性に関する誤った見方がある。もちろん、効率性を軽視してよいというわけではない。このシビアな世界では、自由な社会は自らが効率的に機能することを証明しなければならない。多元主義の行き過ぎは、混乱を招く。しかし創造的な組織や社会が整然としていることはめったにない。矛盾や、目的と戦略の過多や、対立による摩擦などは、自由と活力の代償であり、ある程度許容しなければならない。

権力分散の伝統と同じように重要なのは、寛容さと知的自由の伝統である。これによって、あらゆる信条が許され、さまざまな伝統が受け入れられ、異なる思想が生まれた。そして、こうした多様性は国民生活に活力をもたらす上で、大きく貢献したのである。

多元主義のもう一つの重要な特徴は、個人が多様な組織に所属できるということだ。たとえば、一人の人間がゼネラルモーターズの従業員であると同時にカトリック教会の信者であり、自動車労働組合の組合員であり、民主党員であり、在郷軍人であり、地元地域の自治会員でもありうるのだ。これはつまり、その人が多くの情報源を持っているということであり、自分の意見を表明し、何が起こっているかを知ることのできる場をたくさん持っているということだ。彼は、人生のすべての局面を支配されるような、たった一つの組織に所属しているのではない。

どんな組織においても、個人を保護する上で確かな拠り所の一つは、他に移ることのできる組織があるということだ。特定の領域における複数の組織間で自由に移動できれば、それぞれの組織が持つ強制的な性格は弱められる。逆に組織の数が極端に少なくなったり、組織間の移動が著しく妨げられたりすると、組織の強制的な性格は強まる。

このトピックを終える前に確認しておかなければいけないのは、多元主義がその有効性を発揮するのは、団結力が適度に働いている社会に限られるということである。団結力に欠けていると、多元主義は分断された社会を生む可能性がある。同様に、自由の概念が秩序の概念と結びついていなければ、社会構造は崩壊しやすくなる。自由なしに秩序が存在することはできるが、ある程度の秩序がなければ自由は存在しえない。混沌とした社会のもとでは、法治社会であれば当然のように享受できる自由であっても、決して得られないのだ。キケロ(1)は「私たちは自由であるために法の束縛を受けている」と述べている。同様に個人においては、自由の概念は道徳的責任や自立の概念と切り離すことができず、これは選択の問題にもならない。バーク(2)が指摘しているように、「自制心に欠ける人は自由たりえない。その激情は彼らの足枷《かせ》となる」のである。

異端者の保護

多元的なシステムのなかで、一つの勢力が他の勢力を圧倒するようになると、多元的なシステムそのものが危うくなる。どんなに悪意がなくても、多数派は少数派を圧迫したり、重要でないと決めつけたりする傾向にある。多様性に対する抑圧といえば、ふつう私たちは独裁政権の例を想像する。独占された権力によって、少数派が無慈悲に弾圧されるのだ。しかし、それと同じくらい、多様性は温厚な多数派によって押しつぶされてしまうものである。初期の婦人運動の障害

1　マルクス・トゥッリウス・キケロ。紀元前一〇六年〜紀元前四十三年。共和制ローマ期の政治家、雄弁家、哲学者。
2　エドマンド・バーク。一七二九年〜一七九七年。イギリスの政治家、思想家。アイルランド出身。

になったのは、彼らを攻撃した敵対的な少数派ではなく、多くの女性を含む比較的穏健な多数派だった。非常に寛容な多数派であっても、異端者に対しては我慢できないかもしれない。

このため、私たちはこうした異端者を保護するさまざまな方法を考え出してきた。人権、ロバート議事法[3]、苦情処理手続き、あるいは議論をする際には賛成・反対双方の意見を聞くべきだという社会通念などは、こうしたシステムの一部だ。つまり、私たちは常識はずれの主張が即座に却下されることがないよう、これを保護する伝統、態度、特定の社会制度上の仕組みなどを備えているのである。

しかし、なぜ異端者や批判に配慮しなければならないのだろうか？　この問いに答えることは、私たちの政治哲学のなかで最も強い信条について述べることを意味する。私たちは、組織や社会が批判の余地もないほど完璧であったり、それを運営する人々が十分に自己批判的であったりするとは思っていないのだ。社会のある側面について、今日は健全だとしても、明日には堕落してしまうかもしれないと信じているのだ。行使されている権力について、今日は適切だと思っていても、明日には腐敗してしまうかもしれないと信じているのだ。多くの批判が変わり者やトラブルメーカーから発せられるかもしれないが、同じように多くの批判が救世主やイノベーターからも発せられることを知っている。そして、不服従を歓迎する精神は壊れやすいものなので、この精神だけに依存せず、異端者を保護するために法律上、憲法上の仕組みを考え出したのだ。

歴史を通じて、異端者に対する寛容性は人間社会と組織を特徴づけてきた。しかし、意図的にシステマチックに異端者を活かす試みは、現代の世界と開かれた社会の産物である。こうした見方が、過去の社会ではいかに異質であったかは、ペトラルカ(4)が彼の庇護者であるパドヴァの領主に対して次のように述べたことからわかる。

君主は民衆の父親のように振る舞うべきです。主人のように振る舞ってはなりません。民衆を我が子のように愛し、そう、自分の体のように愛すべきです。武具、衛兵、歩兵などは敵に対して用いるべきで、民衆には善意をもって対処すれば十分です。そうは言っても、民衆は今ある秩序を愛しているのですから、日毎の変化を欲する者どもは謀反の徒に違いありません。厳しく

3 アメリカ陸軍少佐のヘンリー・ロバート(一八三七年〜一九二三年)が作った、一般の社会で使うことを目的とした議事規則。アメリカ議会の議事規則が元になっている。

4 フランチェスコ・ペトラルカ。一三〇四年〜一三七四年。イタリアの詩人、人文学者。

罰せられて当然です。

こうした感覚を、デヴィッド・ブリューワー(5)の言葉と比べてみてほしい。彼は、私たちが最も神聖視する最高機関の一つについて、次のように述べている。

最高裁判所は、批判の余地がないと言われることで恩恵を受けたり、有利になったりはしない。反対に、最高裁判事の生活や人格はつねに万人から注視されるべきであり、その判断はおおいに批判されるべきである。批判の多くは、批判の当事者と同様に程度の低いものかもしれないが、批判がまったくないよりはずっとましである。流れる水には生命が満ちており、健全である。沈滞と死は、よどんだ水にのみ存在するのだ。

反対する自由を保護するための闘いに終わりはない。もし、いま私たちの自由が完璧であったならば、すぐに劣化し始めるだろう。社会とは性質上そうなるものであり、私たちは用心深くなるしかないのだ。

言うまでもなく、自由の伝統は異端者やイノベーターをその敵から守ることによって、はじめてその効力を発揮する。彼らを彼らの仲間から守る手立てはない。そして、残念なことに習慣や多数意見の道から外れる者を最初に抑圧する力となるのは、敵対勢力からの致命的な攻撃ではなく、親友や同僚がしっかりつかもうとする手なのである。

誰が従順で、誰がそうでないかを見極めることが、非常に難しくなるときがある。従順でないという立場に強い順応性を示す大きな集団が存在するからだ。アメリカの共産党員は、所属する党と異なる意見を持つことは絶対にないが、自分のことを従順だとは思っていないだろう。より大きな社会に対して、共産党は反対の立場をとっているからだ。さらに、大多数の人が賛成することには何でも反対するという人もいるので、話は複雑である。デイヴィッド・リースマン(6)が指摘したように、これも一つの順応性の表れであり、流れへの追随でもある。また他の順応な人々と同じくらい、創造性のない態度だ。

大切なのは、順応性と非順応性についてバランスのとれた見方を持つことだ。どんな時代でも、

5　一八三七年～一九一〇年。アメリカ最高裁判所判事。在任中、マイノリティの権利保護を主張し、女性労働者や中国系・日系移民を擁護した。

6　一九〇九年～二〇〇二年。アメリカの社会学者。代表作『孤独な群衆』(加藤秀俊訳、みすず書房、一九六四年)のなかで人間の性格類型を示し、「他者の期待」に従って行動する人を「他人指向型」と規定した。

社会とその制度は、確立された方法と習慣に順応した人々によって保たれている。彼らの功績は認めなければならない。それと同時に、社会におけるさまざまな「成長点」において、他の勢力が古い問題に対して新しい解決策を試したり、新しい問題に取り組んでいたりする。そして、その結果は、必ずしもこれまでの習慣に沿ったものではない。

社会には、特別な配慮をもって順応主義者の圧力から保護しなければならない、ある特定の役割がある。芸術家、作家、学者、批評家、そしてあらゆる種類のイノベーターは、彼らの慣例や容認性、伝統的な価値観などとは関係なく、自由にアイデアを比較検討できなければいけない。境界を越えて歩き回る自由、あらゆる可能性を思い描く自由が必要なのだ。

これは何も、彼らが社会全体に対していつも反抗的でなければいけないというわけではない。芸術家、作家、イノベーターは、社会の敵であるべきだという、感傷的な考え方を持つ人もいる。しかし、彼らにとって必要なのは創造的な活動を行う分野における自由であり、あらゆる可能性のなかから解決策を推測し、調査し、想像する自由である。こうした自由な探索の結果、自分たちが社会に対して反抗的であると気づくこともあるだろうし、肯定的であると気づくこともあるだろう。いずれにせよ、彼らが気づいたままのことを、正直に伝えるのが彼らの役目なのだ。エマーソンは学者について次のように述べている。

「たとい世の老翁や高位高官の者が、世界の終りを告げる大轟音であると主張しようとも、学者は、豆鉄砲にすぎないという信念をすててはいけません(7)」

7　『エマソン名著選　自然について』(斎藤光訳、日本教文社、一九九六年)一三六頁より引用。

—第 8 章—

革新のための組織づくり

システマチックなイノベーション

社会は、柔軟性と適応力を備えていることが望ましい。これと同じことが、社会を構成する組織にも求められる。動脈硬化を起こした組織によって構成されるような社会は、自己革新できない。

大きな組織の経営手法について書かれた何百ページもの書物を忍耐強く読めば、組織を硬直化させ、衰退させる力について、多くの知恵が得られる。経営手法を扱う著述家たちは自己革新だけを説いているわけではないが、そこには革新《リニューアル》とイノベーションの秘密について、たくさんのヒントが含まれている。

おそらく、現代のイノベーションで最も特徴的なのは、私たちがそれをシステマチックに追い求めようとし始めていることだ。大企業は、特定の問題を解決するために研究所を開設しているのではない。継続的なイノベーションに取り組みたいのだ。これは革新のためにはよい考えだが、こうした研究所はふつうイノベーションの対象を製品とプロセスに限定している――

イノベーションを必要としているのは、企業自身であるにもかかわらず。おそらく、すべての企業が必要としているのは、組織全体を継続的なイノベーションが必要なシステムとして扱う部署、すなわち「継続的革新部」だろう。これは、企業以外の組織についても言えることだ。

イノベーションに対する、同じように不十分な取り組みは、大学にも見られるかもしれない。一流大学では、例外なく多くのイノベーションが進行している。しかし、大学自体の機構や実務においてイノベーションが意識されることはほとんどない。大学の人々は、自分とは無関係なところでイノベーションに取り組むのが大好きなのである。

経験豊富な経営者は、新たなリーダーシップとアイデアのもとで革新を起こせる組織があることを知っている。そうでない組織は、大量に人を入れ替えるか、思い切った組織改革を行う必要がある。それ以外は、分割や他の組織との統合によってしか革新を起こせない。それでもだめな場合、革新は起こせないのだ。

経営上の課題のなかには、組織の革新を研究する者にとって特に興味深いものがいくつかある。たとえば、人事の問題を考えてみよう。組織や社会の革新にとって、人材を育成し、彼らが組織に貢献できる部署に配属するシステムほど、大切なものはない。これは組織にとって、人材を効果的に採用し、新入社員研修から経営幹部育成に至るまで、その教育に配慮することを意味する。また社会にとって、これは幼少時の才能の芽を摘んでしまう社会的・経済的条件を正すこと、学校教育の範疇をはるかに超えて、個人の可能性を全面的に伸ばしていく伝統を確立すること、そして、優れた才能を持つ人が、その出自に関わらず社会の重要な役割を担えるよう自由に移動できる、社会的な流動性を確保することを意味する。

組織のなかでは、うまく設計された人事ローテーションのシステムが大きな成果をもたらす。これは個人の成長を促すだけでなく、組織の流動性を高める上でも役に立つ。組織全体にわたる人材の自由な移動は、組織内部のコミュニケーションの壁を取り除き、部門間の対立を弱め、情報やアイデアの自由な流れを確保する。それはつまり、一方で個人の多様な能力を高め、もう一方で組織の流動性を高めるのに貢献する。

同じように、組織間で自由に人が移動できるようにすることは、社会と個人の双方にとって有益である。現代社会は完璧な流動性を保っているような印象を与えるが、当てにならない部分もある。たとえば、政府、民間、大学の世界における相互の人材の移動は、一部の華々しい例外を除けば、ほとんどないと言ってよい。そして、組織間の移動は、在籍期間に応じて条件が変わる年金制度のために、活発でなくなりつつある(1)。

革新を研究する者が、特別な関心を寄せる経営上のトピックがもう一つある。コミュニケーションだ。経営学者たちは、大きな組織をよく機能させるために必要なコミュニケーション手法について、かなり研究している。例えば、組織内部のコミュニケーションを効果的に整備すれば、組織の間に壁ができることを防ぎ、それによって従業員が狭い分野で専門化されることを防げるかもしれないのだ。これは、組織の革新につながる。

一方で、コミュニケーションの頻度を下げることがよい場合もあるだろう。作業の調整、管理者によるレビュー、関係部門からの承認などがあまりにも強く求められるために、創造性や柔軟性が大きな制約を受けることがある。実験的な試みに取り組んでいる者は、組織内の旧勢力から気持ちが萎えてしまうような批判を受けると、新鮮さと想像力を急速に失ってしまう。こうした懸念から、多くの企業は研究部門をその他の部門からある程度独立させるようになった。アメリカ空軍はランド研究所(2)とその他類似の研究施設を独立した組織として設立した。

1　本書の執筆後、アメリカでは一九七四年のエリサ法施行に伴って、ＩＲＡ（個人退職貯蓄制度）が導入された。これを４０１ｋ（確定拠出型年金）と併用することで、年金資産は転職しても受取時まで課税繰り延べのまま保持できる。このため、現在では必ずしも年金制度によって人材移動が阻害されることはない。

2　ＲＤＣ：Research & Development Corporation. アメリカの非営利組織。研究対象は、軍事から、経済、法律、教育、環境まで多岐にわたる。

これによって、大組織の内部勢力による束縛から、研究活動を解放することに成功したのだ。

情報処理システムの功罪

組織や社会が大きくなり複雑になると、トップに立つ人々は、経営者であれアナリストであれ、直接的な経験に依存することがだんだんと少なくなり、「加工された」データに強く依存するようになる。「外部」で実際に起きていることに関する生のデータは、トップに届く前に抽出され、選別され、集約され、編集され、コード化され、統計的に表現され、一般論化され、提案の形にまとめあげられてしまう。

情報処理システムには、ある特定の種類のデータを規則正しくふるい落としてしまうため、そのシステムに依存している人々にそうしたデータを届けられないという特徴がある。ここで省略されたり、ひどく歪められたりする情報は、文字や数字で簡単に表現されることはない。私たちに利用可能な方法で、リスト化したり、分類したり、数式化したり、圧縮して一般化したりすることもできない。

現代の組織を運営するには、最新の情報処理システムの取り扱いについて、並外れた能力が求められる。そのため、大きな組織の上層部や、政府の上層部では、言葉や数式を扱うことに長けた人が、ますます増えている。そして、彼らは互いを理解しあっている。彼らは真実を同じように見ているのではない。長い訓練の結果、彼らは真実を同じように歪められたメガネで見るようになったのだ。共通のシステマチックな方法により、現実を歪曲することに慣れてしまった二人のアナリストの間に見られる知的なハーモニーほど、心温まるものはない。

では、情報処理システムがふるい落としてしまうものは何だろう？　それは感覚であり、文字や数字では簡単に表現されないものだ。つまり感情、情緒、ムード、そして人がさまざまな状況で感じる非合理的なニュアンスのほとんどすべてが、ふるい落とされてしまう。無意識に働く直感的な判断なども、ふるい落とされてしまう。

そのため、ふるいにかけられ、大きな組織や社会の上層部に到達するまでに残った真実の姿というものは、時として現実の世界と危険なまでにかけ離れていることがある。これは、ふるい落とされた事実でしか状況を理解できない場合に、深刻な結果を招く。ある情報に基づいて大衆の行動を予測し、それに沿った計画を立てても、予測とはまったく異なる結果になることがある。

だからこそ、経営者や通信ネットワークの中心に座っているアナリストなどは、定期的に抽象化の世界から外に出て、処理されていない現実を恐れずに直視する必要がある。将軍であれば誰でも、前線に行って過ごす時間をもつべきである。研究開発の責任者であれば誰でも、研究所に行って自ら研究をすべきである。営業マネジャーであれば誰でも、定期的にサンプル商品を持って顧客訪問をすべきである。政治家であれば誰でも、街に出て家庭を訪問すべきである。

私たちは、情報処理システムを間違って理解してはならない。それはとても便利だ。しかし、不完全なのである。

大規模化と停滞

多くの専門家が気づいているにもかかわらず、革新のための組織づくりに関して経営学の分野で十分に研究されてこなかったテーマがある。組織がより精密化し、硬直化し、肥大化していくことによって、単純さ、柔軟性、管理可能な規模を失っていくという、ほとんど避けることのできない変化を、どうしたら排除できるかという問題である。

これについては、軍隊の歴史が参考になる。古代から、軍事力には一方でスピード、機動性、柔軟性、想像力、挑戦に頼るものと、もう一方で戦力、数量、堅牢性、重装備に頼るものがあった。繁栄した社会は、前者に替えて後者を採用するという誘惑に打ち克つことが、めったにできなかった。そして重装備の軍隊が肥大化するにつれ、組織はより複雑になり、要塞が増えるにつれ、スピード、機動力、柔軟性に優れた敵の攻撃力に対して、どこか脆弱になったのである。

何世紀もの間、軍事思想家たちは、この問題をよく理解し（しかし、軍部がこれに頼ることはほとんどなかった）、技術的なイノベーションを通じて一石二鳥の方法を探した。戦力とスピード、数量と柔軟性を、一度に手に入れようとしたのだ。しかし、技術的には克服可能であっても、大国の武装された軍隊という特徴を持つ組織が、この難題を簡単に克服することはできなかったのである。これが戦争の歴史において、数量的にも装備的にも圧倒的な大国の軍隊が、小さく軽装ではあるが柔軟で果敢なゲリラ部隊に悩まされる、という事例が数多く見られる理由の一つなのだ。大国の軍隊が、こうした類の敵にどう対処すればよいか、いまだにわかっていない。

この問題は、軍隊に限った話ではない。すべての組織に当てはまるのだ。もし、ある組織が圧倒的な力強さと柔軟性のうち、どちらかを選ぶことになったら、圧倒的な力強さを選ぶのは避けられないだろう。考えうるすべての状況に対処するため、装備を拡充せざるをえないように感じてしまうのだ——そうすることで、逆に適応力が下がるにもかかわらず。複雑化するのはたやすく、単純化するのは難しい。つまり、身動きが取れにくくなるのはたやすく、身軽になるのはほぼ不可能なのだ。

これは、単に組織の規模だけの問題ではない。ほとんどの専門家は、巨大化に伴う鈍重さや官僚主義的な硬直性によって必ずしも倒れるのではないことを認識している。もし、私たちがこの危険に注意し、それを避けられるように組織を設計すれば、多くの（決してすべてではない！）小さな組織が享受している利点、すなわち簡潔さ、内部の意思疎通の容易さ、柔軟性、適応力が得られる。また同時に大きな組織が持つ疑いようのない利点、すなわち豊富な資源、規模の経済、比較的高い多様性、不測の事態への対応力なども得ることができる。

しかし、組織のなかには、巨大化し、複雑化し、堅牢性を増し、力を集中しようとする傾向ばかりでなく、形式や手続きなどの、表面的・外的なものを尊重する傾向を作り出す要素がある。教育について考えてみよう。私たちは、その必要性を心から信じている。おそらくそうであろう。それにもかかわらず、私たちはみせかけ以上のなにものでもない、ごまかしの教育をすべて容認している。私たちは、あたかも科目や単位の数、授業時間、教材などを積み上げれば、教育ができあがるかのようなふりをしている。同じことが研究活動についても言える。私たちは、何十億ドルもの費用を、毎年費やしている。私たちは、あたかも研究活動に投じた費用、研究所の大きさ、研究に携わる人の数、立派なプロジェクトの概要、出版物の数など、活動の外面のみを見て満足しきっているように見える。なぜ、私たちはこんなにも必死に外面ばかりを追い求めるのだろうか？　おそらく一つには、私たちは自らが認める以上に浅薄なのである。また一つには、私たちは問題の核心に到達するには怠惰すぎるか、あるいは先入観にとらわれているのである。だが同時に、外面でものごとの体裁をまとめるのが、より簡単だからともいえる。すばらしい教育や、優れた学問が持つ臨機応変の精神は、決して組織化したり、合理化したり、他人に委託したり、加工したりすることはできない。それができるのは、形式や外側の部分だけなのである。

新しい組織の形

組織について考えるとき、最も憂鬱な思いを抱くのは、決まって大企業や政府組織における古典的な官僚機構、つまり部門や課や局や省などの階層構造と、そこを流れる文書の洪水についてである。階級制度という意味では、それはピラミッド構造であり、組織全体の姿をぼんやりと捉えているのはトップにいるほんの数名にすぎない。これが、小説に描かれる組織であり、伝説のオフィス・ボーイが着実にトップへの階段を上っていく舞台となる組織である。

このような組織は、本当に実在する。しかし、これは現代の組織を正しくとらえた姿ではない。今日の世界では、企業や政府の官僚機構を打ち壊すさまざまな力が働いているのだ。

たとえば、現代の社会組織において目覚ましい発展を遂げつつある、専門職の台頭を考えてみよう。専門職と官僚機構の間の軋轢は、専門的な仕事の持つ本質的な性格に根ざしている。専門職の人は、自分の職業に対して忠誠心を抱いているのであって、たまたまその時点で所属している組織に対して忠誠心を抱いているのではない。ある工場で働く物理科学者と、同じ工場で働く非専門職の管理職を比べてみよう。科学者が同僚とみなすのは、自分のオフィスにいる周りの非専門職の人々ではなく、全国、あるいは全世界にわたって散在する科学者の仲間たちなのである。世界中に広く散在する専門家同士の絆のおかげで、彼自身も高い移動性を備えていることになる。彼らが同じ場所に留まっているからといって、組織に対する忠誠心が他の組織人と同じように高いとは限らない。

専門職の台頭は、組織とは何かということに対してまったく違ったコンセプトを持ち、組織と自己の関係についてまったく違ったイメージを持つ人々が大規模な組織に侵入していることを意味する。これは、大学や病院の運営に携わる人たちが証明しているように、組織運営の方法に多大な結果をもたらす可能性がある。

専門家と古典的な官僚機構の間に溝があるという事実は、現代の巨大組織を敵視する人々にとっては心地よいことかもしれない。しかし、そういう人々にとって専門職の人々が完全に信頼できる味方だと思ってはいけない。(第三章で触れたように) 専門職の人々は、むしろ社会を硬直化させる可能性が大きいのだ。

古典的な官僚機構を根本的に変えることになったもう一つの要因は、法人向けサービス業の大きな発達である。現代の大きな組織は、昼夜の別なく特定のサービスを提供しつづける人々の大群による侵入を受けている。クロコダイルが小鳥に歯の掃除をさせたり、消化器官のなかに細菌が宿っていたりするように、現代の大規模な組織は驚くほど多様な外部事業者に仕事を供給し、働く環境を提供している。弁護士、監査人、経営コンサルタント、建築家、室内装飾家、保険勧誘員、銀行家、PR業者、広告業者、警備員、建物管理業者、造園家、その他数えきれないほどの業者がそれぞれ高度に専門化された仕事によって、複雑な組織の全体としての機能を高めるために出入りしている。彼らは、組織の人的環境を整え、機械設備を作動させるために欠かすことのできない役割を果たしている。しかし、彼らが組織図に登場することはなく、組織との関係は契約上のものである。

さまざまな専門職の人材と法人向けサービスが利用可能になったことは、契約による関係の柔軟性とあいまって、現代の組織が自らの将来像を描くために幅広い選択肢をもたらしている。たとえば、一定の範囲内で、経営者は組織図の任意の機能を選び出し、これ以降は契約によって外部の組織に委託すると宣言できるようになったのである。革新のために、機動性を確保することが非常に大切だと願う組織にとって、これは貴重な機会（およびいくらかの弊害）を提供することになる。

特に興味深いのは、外部支援の必要性が、大規模な組織の持つ特性から生じるということである。たとえば、経営コンサルタントの有用性は、彼らが「部外者」であることによる。理論的には、彼らができることのほとんどは、組織内の専門家でもできる。しかし、コンサルタントには、組織の人間に働くネガティブな力の圏外で自由に活動できるという強みがある。彼らは、新鮮なものの見方ができる。率直に発言できる。そして、真摯に耳を傾けることができるかもしれない。

さらに、専門職の人々は大きな組織での生活よりも、専門家チームの環境を好むので、サービス事業者は彼らのクライアントが通常採用し雇用するよりも、高いレベルの人材を確保することができる。

従来の組織という概念に当てはまらない、もう一つの現象は、きわめて限定された目的を持つ協会や連合会の出現である。たとえば、医師たちは協会を作って、ある種の集約サービス、たとえば事務所、研究設備、研究員、保守業務などを共同で利用しようとする。個人タクシーの事業者たちは、共同のガレージ設備や、会計事務サービスや、保険を利用するために結束する。また、小規模の専門学校は、資金調達を共同で行うために協会を発足させる。

こうした取り組みは、大きな可能性を秘めている。巨大な組織が君臨する世界において、無数の提携していない小規模事業者が、競争に生き残れるかどうかはますます疑わしくなっている。だからこそ、個人や小規模の組織にとって、自律性を大きく失うことなく、大規模な組織のメリットを享受できる道を少しでも探ることが、特に重要になっているのだ。

私たちの国民生活に万華鏡のような彩りを与えるさまざまな組織の形態は、この他にもたくさん挙げることができるだろう。この豊かな多様性は、あらゆる共同目的を達成するために自発的に協力しあうという私たちの国民性によって、ますます増大している。労働組合、政党、専門家の協会、利益団体などには、本当に強い力を持つものもある。こうした連帯組織の存在が、私たちの自由な社会を運営していく上で、いかに大切かということは、多くの著述家たちが強調してきたところである。

―第 9 章―

個人主義とその限界

誰にでもある疎外感

もし、私たちの社会でコンセンサスを得ている概念のうち、中心にあるものを一つ選べと言われたら、それは個人の尊厳と価値であろう。個人は、何十キロもの水と化学物質から構成されるただの物体ではない。個人は、単なる種の鎖の一部分や、生物社会のシステムの構成要素ではない。「人的資源」と表現されるように、単に社会集団を強化するために使われる資源でもない。個人には、何か大切なものだけでなく、何か神聖なものがあるのだ。最も基本的なレベルでは、人間の生存と安全に関する権利を意味する。しかし、それだけではない。個人のプライバシーを侵したり、個性を脅かしたり、個人の尊厳を傷つけたりしてはいけない。

それでも、人間は社会的な存在だから、社会のシステムを語ることなしに個人主義について議論してもナンセンスだ。個人と集団の関係について、よく調べてみる必要がある。

この地球に生まれた人間のほとんどは、自分のコミュニティが持つ文化に完璧なまでに埋め込まれてきた。古代文明の歴史家や、現代の原始社会を研究する人類学者に聞いてみれば、この指摘に同意するだろう。伝統的な社会に埋め込まれた人々は、自分の集団から離れていると は思わないし、離れることができるとも思わない。彼らは、自分たちの文化に呑み込まれてい るのだ。彼らは、自分たちの集団の伝統や、信条や、生活様式を完全に認めているため、それ を認めているということにさえ気づかないのだ。彼らは、文化によって定義されるのである。

そのような人々にとって、自分たちのコミュニティは事実上「世界」そのものである。ダニエル・ラーナー(1)によれば、トルコの村人に対して「トルコに住めないとしたら、どこに住みたいか?」という質問をしたところ、他の場所に住むことを想像できなかったので、答えられなかった。彼らにとっては、住み慣れた環境から自分を切り離して考えるよりも、その存在を否定するほうが簡単だったので「それなら死んだ方がましだ」と言ったのである。

このように、個人がコミュニティに埋没していることは、個人主義と自由を考えるときに、大きな制約となる。しかし、当の本人たちは、こうした制約を意識しない。まるで、魚が水の存在に決して気づくことがないかのようである。コミュニティに埋没した人々は、コミュニティ

1 一九一七年〜一九八〇年。アメリカの社会学者。マスメディアが近代化の主要な要因であるとした「開発コミュニケーション」を提唱。

の文化のなかで、何も知らずに泳いでいる。

こうした埋没性は、コミュニティが他の文化と隔離されていなければ存在しない。古代の世界においてすら、比較的国際的な都市には優れた市民がいて、自らの文化に埋没することは決してなかったのである。これは、プラトン(2)が、まるで重病人を診断する医者のような目で社会を見ていたことを思い出せば、十分だろう。

こうした事実に照らしてみれば、何人かの著述家が書いているように、「個人の誕生」が中世のルネサンス期に起こったというのは、厳密には正確ではないだろう。ルネサンスから始まったのは、自らの個人性を強く、それもかなり芝居がかったやり方で主張する人々が現れたということだ。ルネサンスの人々は、個性的であっただけでなく、それについて語り、自慢し、その周りに生活を作り上げることに夢中になったのだ。

ルネサンスにおける現代的な個人主義の前兆は、その後の三世紀をかけて十分に増幅されていった。宗教改革、科学の台頭、啓蒙思想、産業革命は、それぞれのやり方で、社会的規範としてのコミュニティの埋没性を解体することに力強く貢献した。誰もが自由で、道徳的な責任を負った個人であることを奨励され、期待されるような、私たちが考える今日の自由な社会というものは、こうした過程を経ることなしに広まることはなかったのである。

十九世紀までには、個人を信奉する近代的な活動家がより極端な示威行動をとるための舞台が整った。個性を特に強く意識し、ときには個性に夢中で我を忘れているような、さまざまな人々が現れた。キルケゴールは、「もし私の墓碑銘を刻んでくれるのなら、『あの個人（That Individual)』という碑以外は望まないだろう」と言っている。また、自分の社会に対して激しく露骨な敵意を抱き、自分のコミュニティに対して深い疎外感を抱く人も出てきた。

十九世紀の反逆的個人主義者たちは、その後に続く信奉者たちに道を開いた。現代の生活環境は、個人が集団からある意味で離脱し、自律的になるには都合よくできている。たとえば、移動の自由は、そのような環境の一つである。伝統は家族や地域に強く結びついているため、人々が移動するなかではその影響力を保つことができない。都市化と現代的な交通機関は、異なる伝統の衝突を生む。人々の意見が入り混じった結果、すべての伝統が持つ支配力が弱まる。こうした状況のもとでは、親の権威と同じように、教会の権威も弱まってしまう。さらに、反逆と異論を唱える力強い書物が次々と世に出て、すべての若者たちの手に入るようになっている。

2 紀元前四二七年～紀元前三四七年。古代ギリシャの哲学者。

十九世紀の終盤には、自分の属する社会の伝統を理解できるくらいの知識と読書力を持った若者であれば誰でも、威厳のある態度で反旗を翻すことができるようになった。今日では、知識や教育すら必要ない。どんな人でも、社会と距離を置けるようになったのである。

何からの逃避？

こうした背景に、二十世紀初頭の研究者たちは、個人の自律性をより高尚なものに導く道が開かれたと容易に信じ込んでいた。しかし、それは間違いだった。二十世紀における二つの大きな変化が、この見方に再検討を迫ることになった。第一に、前に述べたように現代の大衆社会が個人に新しい制約を課しつつあることがわかった。第二に、新たな全体主義が現れ、おそるべき成功を収めた。個人と集団に関する現代の議論のほとんどは、こうした事態に対処する方法を求めようとする試みである。

今日の若い人々にとって、近代の全体主義の勃興が世界中の自由な人々に及ぼす衝撃的な影響を理解するのは容易ではない。十八世紀から二十世紀の初頭にかけて、私たちは本当に自由へと向かっているという考えがだんだんと広まっていった。ゆっくりではあったが、しかし着実に、私たちは自らを暗黒の伝統や、圧政的な社会制度や、権力を追い求める支配者から解放しつつあると信じていた。しかし二十世紀の全体主義に直面したとき、それまで何世紀もかけて頑健に育っていた自由のイデオロギーに、冬の時代が訪れたのである。結局のところ人間の本質のなかには専制政治に反発しない、むしろそれを歓迎しさえする何かがあるのではないかという憂鬱な考えが、多くの研究者に浮かんだ。

これが厳密には現代の現象ではないことは、E・R・ドッズ(3)が紀元前二世紀のギリシャで占星術が流行しつつある様子を描写する際に強調されている。

一世紀間か、それとも、もっと長い間、個人は自分の知的自由に真向から対面していたが、今や個人は、前途の恐ろしさに背を向けて逃避する。日ごと、責任の重荷におびえるよりも、占星術によって厳しく決定される「運命」の方が、まだましなのである。(4)

3　エリック・ロバートソン・ドッズ。一八九三年〜一九七九年。アイルランド生まれの古典学者。
4　『ギリシァ人と非理性』(岩田靖夫／水野一訳、みすず書房、一九七二年)二九八頁より引用。

つまり、個人が自由に伴う責任を引き受ける能力があるのか、またどのような条件のもとで、ほかの目的を遂げるために自由を犠牲にするのか、ということを検討する必要がある。これはエーリヒ・フロム(5)が『自由からの逃走』でその他の問題とともに扱ったテーマである。この記憶に値する本のなかで、フロムは特に一九三〇年代のナチスとファシスト運動が、なぜやすやすと支持を集められたのかという疑問を解くことに特別の関心を払っている。彼は、人々が独裁主義体制に賛意を示したのは、そうすることによって個人の自律性に伴う不安や責任を回避できたからだと指摘している。エリック・ホッファー(6)も、『大衆運動』のなかで、同じ問題を扱っている。

こうした見解についてさらに議論を進める前に、個人の自律性について一般的な意見を見ておくのもよいだろう。自分自身とその運命を支配することができ、すべての邪魔なしがらみを断ち切れば、個人は大空を自由に飛ぶ鳥のようになれる、というロマンチックな考えを持つことは多い。こうした考えは危険に満ちた混乱をもたらす。完全な個人の自律性など考えられない。テオクリトス(7)の「人間は永久に人間を必要とする」という格言の正しさは、現代の心理学や人類学によって証明されている。人間の社会的な性格は、生物学的な性質により定められている。人間は、少なくとも六歳になるまでは年上の者に完全に依存し、その頃になるまでには、根強い社会的習慣を身に付ける。それだけでなく、意思疎通、自意識、同情心、善悪の概念など、人間らしい特徴を備えるためには、同じ仲間である人間との相互作用が欠かせない。そのため、私たちは集団の没個性的なメンバーになることが人間の最も望ましい姿だとする全体主義の概念を受け入れることはできないが、同時に完全な個人の自律性というロマンチックな概念を受け入れることもできないのである。

現代の文明が伝統や家族から個人を解き放つとき、自由は増すこともあるが、共同体から疎遠になり、帰属意識を失ってしまうこともある。このことを私たちは二つの世代にわたって目にしてきた（だがいつも理解していたわけではない）。同様に、自律性を追求すれば、自由と道徳的責任を手に入れることができるかもしれないが、がんのように増殖するプライド、自己評価の無制限な膨張、満たされることのない自己欲求など、あらゆる障害を伴う利己心が高まるだけ

5　一九〇〇年～一九八〇年。ドイツの社会心理学者。精神分析家。ユダヤ系。
6　一九〇二年～一九八三年。アメリカの社会哲学者。
7　生年は紀元前三一八年～紀元前三一〇年、没年は紀元前二七〇年以降と推定される。古代ギリシャの詩人。

かもしれない。

すべての人間には、個人の尊厳と価値に関して私たちが求める程度の自律性と、成熟した個性を手に入れる能力がある。しかし、自己を超えるすべてのことから自己を切り離すのは、ある場合においては人間にとって本質的に破壊的で耐えがたいことである。

「自由からの逃避」という言葉を使う際に、これらの事実を念頭に置いておくことが大事だ。個人が何から逃れようとしているのか、そしてその逃避はどのような形をとっているのかを明確にしない限り、さまざまな異なる行動様式を一つのレッテルのもとに覆い隠してしまうことになるだろう。

個人は、たとえば個人の選択に伴う道徳的な責任から逃れるように、本当に自由から逃避するのだろうか。それとも、現代生活のなかで私たちが陥りがちな無意味な孤立や、個人性についてのロマンチックな概念によって駆り立てられる不毛な自己中心主義から逃避するのだろうか。ここには大きな違いがある。もし後者ならば、逃避は正当化される。ここで問題となるのは、何に向かって逃避するかということに絞られる。その場合、考えもせずに特定の主義や集団に自らの個人性を追随させるという、破壊的な過ちを犯す人もいるだろう。一方で、自分自身を自由で道徳的に責任のある個人として、より大きな社会的活動や、自己を超越した価値に結び付けようとする、賢い人もいるだろう。しかし、個人より高い次元の社会的活動が細分化されていたり、衰退していたりする場合、実際に自分自身を結び付けることは難しくなるだろう。

私たちが理想とする個人の自由と尊厳の基準を満たすためには、成人した人々はかなりの程度の独立性を確保しなければいけない。しかし同時に、自己の限界を知り、社会全体の構成員として折り合っていかなければいけない。さらに、自己の欲求を超えた価値に対して、忠実でなければならない。

現代の知識人のなかには、こうした一見矛盾する事実を明らかにする上で何の役にも立っていない人もいる。高度に組織化された現代社会に固有の個人性に対する脅威に圧迫され、組織人という幻影におびえているため、個人は完全に自立しうるという考えが少しでも示されると、強く否定する傾向があったのだ。

自己を超越して存在する価値と自己の強い結びつきは、個人の自由とは相容れないものではない。反対に、この結びつきは自由な人間の特徴たるべき内面的強さを支える重要な要素である。自己を超越して、感情的、道徳的、精神的結びつきを築き上げた人は、自由であることの厳しさに耐えることのできる強さを持つようになる。私たちは、自由であることの厳しさが存在すること、そしてこれに耐える強さが必要になることを疑ってはならない。ラーネッド・ハンド(8)が「ごく稀な例外を除き、自由はすべての人々の重荷だ」と述べたことは正しい。

私たちすべてにとっての道徳は明らかである。私たちは、私たち自身を自由にし、道徳的に責任のある存在にする特質を、自らの内に養うという責任がある。そして、同様に自己を超越する価値を尊重するという根源的な責務がある。

パウル・ティリッヒ(9)は、現代の思想家の誰よりも深くこの関係を探求した。彼は、自己の肯定と自己を超越した献身という一見矛盾する要求は、世界を創造する担い手として、大宇宙の創造的プロセスの小宇宙的な参加者という形で、自分自身をより大きな調和に反映させることで、ほとんど完全に解決できると指摘している。

私たちの責務の性質

ここで、個人と集団の適切な関係を構築するときに直面するジレンマについて、できるだけ明快かつ率直になってみよう。

現代は内面的な疎外と外面的な順応の時代であり、私たちはこの両方と闘っていかなければならない。一方、現代社会のプロセスは個人に対して微妙かつ強力な制約を加えるようになった。同時に、（ここが混乱を招きやすい点なのだが）個人を自らの伝統や、所属する集団や、自己を超越した価値に結び付ける絆は、現代の生活のさまざまな風潮によって断ち切られている。これはまるで、深海潜水夫が母船につながれた何本ものロープによって身動きが取れなくなっているときに、送気管が切れてしまったことに気づくようなものである。自由を束縛する制約はそのままの状態で、生命の絆が断ち切られてしまうのである！

これが、私たちの責務を規定するものだ。私たちは、自由で道徳的に責任のある存在としての個人の高潔さを脅かす現代社会の風潮と闘わなくてはいけない。しかし同時に、より偉大な目的との間で意味のある関係を再構築できるように、個人を支援しなければならない。

子どもは、成長していく過程を通じて、他人に対して完全に依存した状態から自分自身を解放していく。成熟の過程が進むにつれて、彼らは自分だけに没頭した状態から脱却する必要が

8　一八七二年〜一九六一年。アメリカの裁判官、法哲学者。
9　一八八六年〜一九六五年。ドイツのプロテスタント神学者。

あるが、そのために個人性を放棄する必要はない。しかし、私たちはより大きな目的を持つ自発的な奉仕活動に個人性を投じなければならない。もし、何らかの理由でこうなることが妨げられたら、個人の自律性は社会からの疎外、または自己中心主義に変質してしまうだろう。

残念ながら、個人がこのような責務を達成する手助けをするという伝統を、私たちは事実上持ち合わせていない。幼少期に精神的に埋没した状態から、個人が脱却するのを助けることについては、私たちは今やかなり強い伝統を持つようになった。ほとんどの教師たちは、子どもが幼少期の盲信から抜け出せるよう力を貸すことに、特に力を入れている。教師たちは、何でも大人に依存しようとする子どもの態度にショックを与えて、自分で考えるように仕向けるのである。

こうした子どもの自立支援のように、大きくなってきたら、周囲の仲間やよりよい社会的、道徳的、知的伝統との関係を構築できるように手助けしなければならない。私たちがこの責務に取り組めば、若い人がより大きな社会的活動に打ち込もうとしない理由の一つが、その活動の性質について彼らが困惑しきってしまっているということに、すぐに気づくだろう。彼らは、自らの自由な社会を、本当には理解していない。彼らは、自らの社会的・知的伝統を理解していない。彼らは、この複雑な現代社会の要求や現実を理解していない。彼らは、社会とどう調和すればよいかわからない。もし彼らが社会のなかで最大限に力を発揮するはずだとしたら、彼らに取り組むことを勧めるのではなく、むしろ指示してやることが必要だ。

私たちは、こうした献身的な活動を、個人性を放棄することなく行う方法を見つける手助けをしなければならない。巷の主義主張や社会運動に考えなしに従うことによって、個人の選択の責任を回避しようとする衝動を理解し、抵抗できるよう、手助けをしなければならない。つまり、自己を超越する何かに身を捧げないことの危険性と、自己を喪失してしまうような何かに傾倒することの危険性を、認識させる必要があるのだ。

もし、このデリケートな仕事に成功したら、イェイツ(10)が残した、現代の世界についてのぞっとするような批判には、もはや同意する必要はなくなるだろう。

最良の者たちがあらゆる信念を見失い、最悪の者らは
強烈な情熱に満ち満ちている。(11)

10　ウィリアム・バトラー・イェイツ。一八六五年～一九三九年。アイルランドの詩人、劇作家。一九二三年ノーベル文学賞受賞。

11　「再臨」(収録『対訳　イェイツ詩集』高松雄一編、岩波書店、二〇〇九年、一四九頁)より引用。

—第 10 章—

献身と意義

個人の献身

人は歳をとると、宗教、愛する者、社会活動や道徳秩序に身を捧げようとする。ウィリアム・ジェームズ(1)の印象深い言葉を借りれば、自らの「発作的な小自我」に仕えるよりも、何か大きなことに貢献しようとするのだ。自由な社会では、こうした献身がどんなものであるべきかを、厳密に規定することは絶対にできない。

現代の若い人々は、今日広まっている「幸福の追求」の未熟な解釈によって間違った方向に導かれることがなければ、このような献身的活動が人生のなかで果たす役割について、はるかに容易に理解できただろう。生まれて三週間の子犬よりも知的・道徳的に優れている人間であれば、現代の幸福についてまともに受け止めたりはしない、と言っても辛辣過ぎはしない。アリストテレスからジェファーソンに至るまで、幸福について真剣に考えた哲学者たちが、その言葉がいまどう解釈されているかを知ったら、さぞ驚くことであろう。

本当のところ、現代の幸福観が暗示する、ただ生きているだけの無為な状態に至ることのできる人間など、ほとんどいない。世間一般では、人間の幸福というものは、満足感、気楽さ、心地よさ、気晴らし、目標がすべて達成された状態から成り立つと信じられている。しかし、そうではない。世界でも他に例を見ないほど懸命に努力をしてきたにもかかわらず、アメリカ人はいまだに幸福の青い鳥を捕まえられていない。それは、欲求が完全に満たされた状態という意味での幸福は、そもそも望むことのできないものだからである。このような静的な状態を探し求めるために、前代未聞のダイナミックな活動を行わなくてはならなかったというのは、なんとも皮肉な話である。

幸福とは単に、快適さ、喜び、そしてなんでも十分にある状態であるという幻想は、貧しい国でなら抱くことができるかもしれない。だが私たちはそれを実際にやってみて、誤りであることを知ったのだ。

しかし、だからといって人生における快適なことがらを過小評価してよいというわけではない。貧しい人に向かって貧乏でも満足すべきだとか、飢えている人に向かって飢えは高尚

1　一八四二年〜一九一〇年。アメリカの哲学者、心理学者。

であるなどと言うような人は、疑わしいと思われても仕方ないだろう。どんな人であっても、よい暮らしをして快適さや喜びを味わう機会を与えられるべきである。ここで言っているのは、それでは十分ではないということだ。もしそれで十分だというのなら、歴史上かつてないほどの規模で気まぐれな欲望にふけっているアメリカ人の大部分は、目くるめく幸福感に浸りきっていなければならないだろう。だとしたら、彼らは精神安定剤を買うかわりに、この上ない安穏や幸福感について互いに語り合っていてもよいはずである。

したがって幸福という概念は、おとぎ話に出てくるような幸福とは根本的に異なったものになる。おとぎ話でいう幸福とは、欲求が満たされるということだ。より真実に近い幸福とは、有意義な目標——すなわち個人をより大きな文脈における目的と結びつける目標——に向かって進むことに関わっている。おとぎ話の幸福とは、なんの張合いもなく遊び呆けて暮らすことである。真の幸福とは、何かを追い求め、目的意識を持って努力することである。おとぎ話の幸福とは、楽しく無駄な時間を過ごすことである。真の幸福とは、自己の能力と才能を最大限に発揮することである。どちらの幸福も、愛を含んではいるが、おとぎ話の幸福が愛されることに重点を置いているのに対し、真の幸福は愛を与える能力に重点を置いている。

こうした、より成熟した意義深い見方からすると、道徳的な責任を果たすことに力を注ぐことでさえも、幸福を手にする可能性は広がる。これは、そうした道徳的な責任がたまたま面白いものでもない限り、現代の幸福観からするとおよそあり得ないことである。

ここでいう幸福とは、大きな目標に向かって「努力して進む」ことを言っているのであって、必ずしもそれを達成する必要はないことに注意してほしい。人間の行う努力のなかには、その性質上、達成できないものもある。理想の政府を作るとか、人類を悲惨さから救うなどという活動に生涯を捧げる人は、時折小さな勝利を収めることはできるかもしれないが、最終的に目標を達成することは決してできない。目標が目の前からどんどん遠ざかってしまうのだ。こうした努力について、オールポート[2]は、「人格を高めはするが、決して心は満たされず、落ち着かず、緊張から解放されることもない」と書いている。

このため、自己革新する人々は、決して「これですべて終わった」と感じることはない。彼らは、本当に大切な仕事は中断されることはあっても、決して終わることはなく、有意義な目標とは、前進するにつれてますます遠のいていくことを知っている。「もう終わった」と考える

2　ゴードン・オールポート。一八九七年～一九六七年。アメリカの心理学者。人格の形成について研究し、その関心は社会心理学にも及んだ。

ような人は、単に目標を見失ってしまったか、最初から目標が見えていなかったのである。

自然状態における人間は、純粋に物質的満足を得るために必要なことしかやらないものだ、と広く信じられている。しかし、人類学者の誰もが証言するように、これは真実ではない。原始人は、所属する社会集団と彼らなりの道徳的秩序に対して、きわめて献身的である。物質的満足に浸ることが人生の究極であるという考えを持つに至るには、文明の人為性が相当程度まで個人の生活に浸透することが前提になるのだ。

男女を問わず、ほとんどの人は、大きな目標のためなら困難や苦労にあえて立ち向かう覚悟があり、実際に立ち向かうものだということは、誰にでもわかる。実際に、こうした人々は自分が正しいと信じていることのために進んで苦労するようなこともしばしばある。モンテーニュ(3)は「徳は容易を道連れにすることをこばむ」「徳は嶮《けわ》しい荊《いばら》の道を求める」(4)と書いている。

しかし、人間の抱く目標が自己の欲求を超越しているからといって、必ずしも称賛に値するというわけではない。こうした目標は理想主義の究極を表現したものかもしれないし、ときには劣悪なものや、邪悪なものですらある。——これが、この問題の特徴的な面である。もし、人間が求める物質的な欲求だけが満たされればよいと勘違いし、有意義な目標を何も与えなかったら、人間はどんなに浅薄でばかばかしいことであっても、目の前に差し出された「意義」に飛びつき、偽りの神々や、不合理な政治活動や、くだらない儀式や流行にのめり込んでいくことだろう。大切なのは、何かに身を捧げたいという人間の渇望が、意義のある目標に向くことなのだ。

だからといって、人間は崇高な理想に身を捧げたいと願う無欲な生き物であると意味づけるのは誤りだろう。人間とはまったく物質的で利己的なものだという、極端に単純化した見方を放棄するからといって、その反対の見方に陥る過ちを犯してはならない。人間とは複雑で矛盾した生き物であり、自己中心的である一方で、すばらしく献身的になることもできる。私たちは自らの欲求を満たすことで頭がいっぱいになっているが、そうした欲求よりも高次の何かに自分を関連づけないと、人生に意義を見出すことができないのだ。これは自己中心主義と社会的・道徳的性向の葛藤であり、これによって人間の歴史に多くのドラマが生み出されてきたのである。

3 ミシェル・エケム・ド・モンテーニュ。一五三三年～一五九二年。十六世紀ルネサンス期のフランスを代表する哲学者。

4 『エセー（二）』（原二郎訳、岩波書店、二〇〇二年）三八四頁より引用。

もちろん、私たちは誰しも、自分の隣人はもっと奉仕するべきだと思うものだ。私たちの献身に対する情熱は、利己心、怠惰心、移り気などで汚されている。しかし、私たちが他人の献身について期待する熱い気持ちは、純粋かつ無垢である。経営者は従業員に対して、もっと献身的になるべきだと信じている（たいてい、より安い賃金でより熱心に働くべきだということを意味する）。年寄りは、若者はもっと奉仕すべきだと考えている。私たちは誰でも、他人の行動に対する期待値について考えるとき、道徳的な熱情が胸にこみ上げてくることを、よく知っているであろう。アーテマス・ウォード[5]は、「私はもう従兄弟を二人ばかり戦争に出しましたが、これから義理の弟を差し出す覚悟はできていますよ」と言ったものだ。

これまでに述べてきたことは、道徳心の肩代わりを奨励するものでもないし、誤って導かれた献身的な奉仕を弁護するものでもない。愚か者がばかげた動機に身を捧げることを防ぐ手立てはない。熱狂的で不安定な精神状態にある人々を、献身的な奉仕とはいえ、実際には狂信的な活動から救う方法はないのである。

献身には、こうした明らかな危険とは別に、もっとわかりにくい落とし穴がある。たとえば「他人のためによいことをする」と決めつけることに何の弊害もないと考える人がいたら、ソロー[6]の次の言葉を思い出すとよいだろう。「誰かが私に善を施《ほどこ》そうとの下心をいだいて家にやってくることがはっきりわかった場合には、私は命からがら逃げ出すであろう」[7]
他人によいことをするのは、純粋な利他主義の表れかもしれないが、単に自分の優位性を誇示したり、自分の身代わりに経験させたりする手段でしかないこともある。

意義を求めて

人間は、生まれながらにして意義を追い求めるものである。呼吸をして体温を一定に保つのをやめられないのと同じくらい、意義を追い求めずにはいられないのだ。技術的にいかに未発達であったにせよ、たいていの社会、たいていの時代において、意義に対する渇望は十分に満たされていた。この渇望を満たす役割を果たしたいくつかの宗教、神話、

5　一八三四年～一八六七年。アメリカのユーモア作家。本名はC・F・ブラウン。
6　ヘンリー・デイヴィッド・ソロー。一八一七年～一八六二年。アメリカの作家、思想家、詩人、博物学者。
7　『森の生活』(上巻、飯田実訳、岩波書店、一九九五年)一三二頁より引用。

土着の迷信などは、未熟で貧弱ではあったものの、人生を意義深いものにするためのより大きな枠組みを描くことを意図したのであった。

現代になって、多くの人々がこのような精神的な糧などなくてもやっていけるという、誤った考えを持つようになった。そして、現代の生活が約束する輝かしい未来が開けたことによって、それが可能なことのように思われた、息を呑むほどにすばらしい時期もあった。「便利な現代」という旗印のもとに、個人は安全、富、権力、肉体的な満足、万人平等の高い地位を得られるはずだった。まるで、豊かだが無意味な世界に住むウォルター・ミッティ(8)のように、金持ちで大食漢になるはずだったのである。

しかし、この夢をほとんど達成してしまったような人であっても(あるいは、そのような人だからこそ特に)、意義に対する消えることのない渇望を克服することはできない。

意義の追求は、ある段階において客観的に見て知的な行為である。私たちは、既知のことがらを一貫したパターンに整理しようと努める。認知に関する研究によれば、経験を整理しようとするこのような傾向は、後づけのものでも意識的な衝動の結果でもなく、認知プロセスに欠かすことのできない特徴である。思考の段階で、経験に基づいて意味のある全体像に整理しようとする傾向についても、同じであることが証明されている。私たちは、一連の経験を集約して、秩序だった順列やパターンに落とし込むのである。その結果、伝説や、理論や、哲学が生み出される。

人間がこれまでに発展させてきた自然や宇宙に関する理論は、それが人間自身の願望や状態を特に考慮しなかったという意味で、きわめて非人間的なものであった（もっとも、これらの成果は人間の概念化の能力に大きく依存しており、人間の価値観から完全に切り離されていることはめったにない）。近代科学は、この非人間的な意義の追求から生まれたのである。

しかし、人間はその状態のままでは決して満足しなかった。これまでの歴史を通じて、人間は自分たちの人生が有意義なものだとみなせるようにするための宇宙観を得る必要性を痛切に感じてきたのだ。人間は、自分たちがものごとの枠組みのなかにどう位置づけられるかを知りたいのだ。客観的な世界の偉大な事実が自分たちとどのように関係づけられ、それが自分たちの行動にどのような示唆をもたらすのかを理解したいのだ。自らの存在や、自らの種の子孫や、自らの内面的生活の鮮やかな出来事に、どのような意義が見出せるのかを知りたいのだ。

8 アメリカの作家ジェームズ・サーバーの短編小説『虹をつかむ男』の主人公。常に富や名声を得ることを夢想しているが、実生活では気の弱い平凡な青年。

そして侮蔑的な待遇を受けたり、事件に遭遇したり、死の事実に直面したりすると、意味のある枠組みを探すことによって自らを納得させるか、少なくともその事実を受け止めようとするのだ。数多くの哲学者や科学者たちが、こうした類の疑問には答えを求めるべきでないと厳しく警告してきたが、耳を貸す者はあまりいない。私たちは、キルケゴールの言葉を借りれば、「自分が信じることのできる真理」を求めている。人間は、自らの存在に尊厳、目的、意味を与えてくれる宇宙観を探し求めているのだ。

こうした努力が失敗に終わったとき、人間はティリッヒが表現したような、意義を持たないことに対する不安感、すなわち「究極的な関心事の喪失、すべての意義あるものに意義を与えてきた意義を喪失することからくる不安」を示す。エリクソンが指摘したように、若者がアイデンティティを追求するのは、ある意味ではこの意義の追求の一種の表れである。それは、若者が自らの目的や、周囲の者との関係や、より大きな目的とつながりを理解するための枠組みを探すことなのだ。私たちの社会では、誰もがこの追求を自分のやり方で自由に行い、運がよければ自分に合った答えを見つけることができる。

意義、目的、献身

人生の意義をなぞなぞの答えか何かのように考えている人もいる。宝探しで財宝を見つけ出すかのように、何年も探し求めてある日突然答えが見つかるというものだ。しかし、このような考え方は大きく間違っている。どんな人生であっても、その意義は一つではなく、多彩である。早く見つかるものもあれば、ずっと後から見つかるものもある。深い感情に根ざしたものもあれば、きわめて知的なものもある。宗教的と呼ぶに値するものもあれば、社会的と表現したほうがよいものもある。しかし、それぞれの意義は個人とそれより大きな思想や価値観の体系との関係、すなわち報酬と同時に義務を伴う関係を意味している。人生のなかで、意義、目的、献身を切り離すことはできない。自己のアイデンティティを見出すことに成功した人は、「私は何者か?」という問いに対する答えだけでなく、「私は何を目指して生きるべきか?」「私はどんな義務を果たさなければならないか?」「私は何に身を捧げるべきか?」というような、さまざまな問いに対する答えも見つけるのだ。

さて、ここで再び献身の問題に戻ることにしよう。前にも述べたように、自由な社会は個々の人間が見出す意義の種類や、信念のよりどころとなるものについて、あまり厳密に規定することはない。人によって目的や信念は違うものだし、献身のあり方も違う。人間の目標は私たちすべてが忠誠を誓っている道徳的枠組みのなかに入るものでなければならないが、だからといってすべての人から強烈なモチベーションを引き出せるような目標を規定することはできない。人間は市民的な活動に情熱を捧げない限り生きている意味がないなどと信じている真面目な精神の持ち主ほど、間違った考え方をしている人はいない。そして、なんらかの大義のために闘うことに対して、とりわけ道徳心の強さを結び付けて考える現代の風潮に乗ることもまた、間違っている。私たちのように成果を重視する人々にとって、市民的な活動に情熱を捧げることほど称賛され、注目を集められるものはないだろう。しかし、それだけを重視しても、人間が長い歴史のなかで探し求め、ときおり達成してきた本当に多様な道徳的卓越性を公正に評価することはできない。

どんな社会でも最も価値ある善良な人々の多くは、自分の家族の健全性、健康、幸福を求めること以外には、いっさいの情熱を示さない。そして、彼らがその目的を達成してしまったら、それ以上のことを彼らに望む必要はほとんどない。また、社会の価値ある構成員のなかには、自分の手や頭を使って何かを生み出すこと以外は、何も信じないという人もいる。賢明な社会は彼らの貢献に感謝するだろうし、またある職業は尊く、他の職業は平凡であるなどと、軽々しく断定したりはしない。「立派にやりとげる限り、どんな職業でも尊いものだ」というオリバー・ウェンデル・ホームズ(9)の格言には、必ずしも同意できない人もいるかもしれないが、そこには真理の一端が垣間見えるのだ。

9　一八〇九年～一八九四年。アメリカの作家、医者。

—第 11 章—

未来に対する心構え

前向きな姿勢

革新を成し遂げることができるのは、その可能性を信じている者だけである。これは個人の革新についても、社会の革新についても言えることだ。どんな時代にも、革新のプロセスを妨害したり、少なくともひどく遅らせたりするような態度を未来に対してとっていた人々や社会があった。

未来を志向する社会（または個人）と、過去にこだわる社会（または個人）との間には、わかりやすい違いがある。前者は前向きで常に未来のことを念頭に置いているが、後者は過去にとらわれていて古いものにしか興味を持たない。前者は自分たちが何になりつつあるかを強く意識しているのに対し、後者は自分たちが過去に何であったかを強く意識している。前者は毎日経験することの目新しさに心を奪われるが、後者は何もかも見てしまったと感じている。

どんな社会でも、未来に対して全体的な方向づけがなされていないと、革新を成し遂げることはできない。これは何も、社会がその過去を無視できると言っているのではない。歴史家のいない国民は、まるで記憶喪失症の人のように不自由である。自分が何者であったかを知らないのだから。歴史家は、社会が自己を認識できるようにすることによって、革新のきっかけを与えるのだ。一方で、革新しつつある社会では、歴史家は現在と未来に役立てるために過去を調べる。

継続的に革新できる社会は、未来に目を向けているだけでなく、未来に対してある確信を持っている。これは、盲目的な楽観主義が優勢であると言っているのではない。単に希望が持てなければ革新は起こせないと言っているのだ。

歴史の大部分を通じて、アメリカ人の間には、確信と希望に満ちた未来感が広がっていた。ベンジャミン・フランクリン(1)に、その典型例を見ることができる。一七二九年に、「賢そうな顔をし、物の言い方のいかにも重々しい」年配の男が、フィラデルフィアの彼の自宅を訪ねてきた。

1　一七〇六年～一七九〇年。アメリカの政治家、外交官、著述家、発明家、科学者。貧しい家の出だったが、印刷業で成功した後に政界に進出し、アメリカ建国の父と言われる。このときの話は『フランクリン自伝』（松本慎一／西川正身訳、岩波書店、一九五七年）が詳しい。

この紳士は私に、「あなたは近頃、印刷所を開かれた若い方ではないでしょうか」と尋ねた。私が「そうです」と答えると、彼は「それはお気の毒なことです。なぜなら印刷業には大変な元手がかかりますが、そのお金は無駄になってしまうかもしれないのですよ。それというのも、フィラデルフィアはさびれる一方の町で、住民のほとんどは破産しかかっているのですからね」と言った。

フランクリンはこのような暗い見通しに不快の念を隠そうとしなかった。彼の後に続く何世代ものアメリカ人と同じように、彼は自分の町、国、自分自身に対してきわめて明るい考え方を持っていた。この気難しい訪問者について、フランクリンは次のように述べている。

この男は、この没落しつつある町にその後も住み続けた。すべてが破滅に向かっているという思いから、何年ものあいだ家を買おうとしなかった。そしてついに、彼が最初に不吉な予言をし始めたころの値段の五倍もの代価を払って家を買うのを見て、私は愉快な気分になった。

継続的に革新できる社会は、未来を居心地よく感じるだけでなく、未来が変化をもたらすだろうという考えを認め、喜んで受け入れようとしさえする。一八三一年にトクヴィル[2]が、あるアメリカ人の水夫になぜアメリカの船はそれほど長持ちするように建造されていないのかと尋ねた。するとその水夫は「航海術は毎日非常に早く進歩しているので、どんなに立派な船でも数年後にはほとんど使い物にならなくなってしまうからです」と答えた。この説明はいかにもアメリカ的だと、トクヴィルは感心した。彼は「すばらしい国民たちが、それぞれの関心事に取り組む際に導かれている、一つの包括的かつ体系的な考え方を認識した」と書いている。

しかし世界中で、全歴史を通じて伝統的な社会について見た場合、最も典型的な態度はフランク・タネンバウム[3]によって描かれたメキシコの村人のものである。彼らはいつも最悪の事態を想定し、旅立つ人に向かって「神があなたとともにありますように。そして新しいことが何も起こりませんように」と言うのである。

革新できる社会では、人々は未来やそれがもたらす変化を歓迎するだけでなく、未来を形づくる上で自分も貢献できると信じている。これは工業化の進んだ現代の国では広く信じられて

2　アレクシ＝シャルル＝アンリ・クレレル・ド・トクヴィル。一八〇五年〜一八五九年。フランスの政治思想家。
3　一八九三年〜一九六九年。アメリカの歴史学者、社会学者。

いることなので、世界共通の信念ではないことを忘れてしまいがちである。実際、人は運命を自力で変えることなどできないというのが、歴史を通じてより普遍的な考え方であろう。このような宿命論は革新にとって重大な障害となる。あるヨーロッパの農学者が、彼と一緒に働いたことのあるインドネシアの小作農について、次のように私に語った。「彼らには、知恵がないわけではない。モチベーションがないのだ。難しいのは近代的な農業技術ではない。彼らにとって難しいのは、努力すれば自分の運命を変えられるという、私たちの姿勢を受け入れることなのだ」

どんな社会（または組織）であっても、何が可能かということについては多かれ少なかれ決まった態度をもつようになるものだ。こうした態度は、得られる成果に対してどうしても一定の上限を作り出してしまう。ロジャー・バニスター(4)が一マイルを四分で走ることに世界で初めて成功すると、他の走者たちも間もなく同じ記録を出せるようになった。何世代にもわたって、この記録は破ることのできない壁と考えられていたが、この考え自体が障害になっていたのだ。バニスターがこの障害を取り除いたことによって、他の人々もすぐそれに続くことができたのである。

組織や社会が成熟すると、何が可能かという態度について、微妙な変化が広範囲に起こる。「何でも実現可能だ」という若々しい態度は影をひそめ、専門家による「なぜ不可能か」という説明が増えてくる。結果は思った通りだ。失敗は減り、——そしてイノベーションも減る。無知や未経験からくる自信は、思ったほど軽蔑すべきものではない。

しかしもちろん、人間がなしうることには現実的な限界があり、これをまったく無視して生きていくことはできない。そして実際に、ほとんどの人が可能性の限界に見当をつけるのは、なんらかのはっきりした根拠があるからだ。先述のインドネシアの小作農たちの宿命論は、彼らが実際に目にしてきた事実からすれば、何も驚くようなことではないのである。社会が何を達成できるかという希望的な見方を持たない限り、人々もそうした見方を持つことはない。実際、個人が達成できる範囲を示してやればよいのである。もし社会が人々に個人として成長する機会を与え、周囲の環境に影響を与えることができれば、彼らの態度はそうした現実を反映したものになるだろう。

4　一九二九年〜。イギリスの陸上競技選手、医学者。

楽観主義と悲観主義

これまで論じてきたことは、通常「楽観主義」と「悲観主義」と呼ばれていることに、読者は気づかれたであろう。もっとも、これはあまりにも大雑把な区別ではあるが。これまでは、こうした態度についてかなり狭い意味で論じてきた。ここからは、より広い意味で見ていくことにしよう。

歴史の大部分を通して、思慮深い人々はこの世の人生についてどちらかというと暗い見方をしてきた。ギリシャ人たちは、人生におけるある程度以上の幸福、成功、目標の達成などは、すべて災厄の前兆であるとみなすほどだった。ギルバート・マレー[5]は、「ギリシャの詩のなかで『幸せな人』と呼ばれたら、その人の先行きは暗い」と書いている。そしてキリスト教の福音の「よき訪れ」もまた、この世の人生にとっては決してよいことではなかった。「人間は生まれれば必ず苦しむ。火花が必ず上に向かって飛ぶように[6]」

やがて十八世紀になると、人間の状態についてまったく違った考え方が出てきた。人生は必ずしも失望感でいっぱいのものである必要はなく、反対に人間が理性の力を正しく使いさえすれば完全なものにできるかもしれないと信じられるようになった。

啓蒙運動の合理主義、楽観主義、千年王国説(7)の幸福論などは、水面に石を投げ入れると広がる波のように、知的生活のあらゆる分野に広がっていった。そして、人間は完璧な社会に否応なしに向かっていく上り坂を進んでいるのだという信念が広くいきわたった。人間が無事に理想郷《ユートピア》に到達するには、あと少しの善意、合理性、科学、物質的進歩さえあればよいと考えられたのである。

今日、このような素朴な考えを笑うのは簡単だが、その結果はかなり優れたものだった。教育、福祉、科学、そして正義と良俗に合致する行政制度の創設などにおける西欧世界の最良の業績のほとんどは、こうした信念のもとで成し遂げられたのである。

アメリカの国民性の形成期とほぼ同時期に起こった啓蒙運動の精神は、ヨーロッパの古い国々に対するよりも、はるかに強い影響をアメリカ人に与えた。それは、新大陸における新国家に

5 ジョージ・ギルバート・エイメ・マレー。一八六六年～一九五七年。オーストラリア出身のイギリス古典学者。専門は古代ギリシャ文明で、二十世紀前半を代表する権威。
6 『旧約聖書新共同訳』（日本聖書協会）ヨブ記五章七節より引用。
7 キリスト教の終末論の一つ。終末の日が近づき、神が直接地上を支配する千年王国（至福千年期）が到来するというもの。

生じた自然な楽天性と相まって、外国からの訪問者が見落とすことのない、きわめて活発な気風を生み出したのである。独立戦争の前にニューヨーク州で農業を始めたフランス人のクレーブコール(8)は「初めてアメリカに着いたばかりのヨーロッパ人の意欲は低く、視野も狭いように見受けられる。しかし、この国の空気を吸うやいなや、彼らは考えを巡らしはじめ、母国では到底思いつきもしなかったような計画の実行に乗り出すのだ」と言っている。

悲観論が幅をきかせている現代では、啓蒙運動の精神は激しく批判されるようになった。そして、これらの批判のほとんどは正しいことが証明されている。私たちが伝統的に受け継いできた楽観主義は、二十世紀の悲劇や残忍さや動乱に対処するには、きわめて不適切であったことは間違いない。理性による支配を期待するように育てられた人々は、暴力的な不合理と憎悪に満ちた世界に直面する用意ができていなかった。進歩の思想に慣れてきた人々は、人間性の退化を示すようなダッハウやブーヘンヴァルト(9)の恐怖に対処できなかった。また、自分には自らの運命を支配する能力があると信じきっていた人々は、世界を作り変えつつあった巨大な社会的勢力に対処したり、あるいはそれについて考えたりすることさえも困難だったのである。

はやりの悲観主義

啓蒙運動時代の楽観主義から現代に至るまでの道のりは、現代の教養人の誰もがよく知っている。キルケゴールやドストエフスキーのような人々が、まずムードを変化させる先駆けとなった。フロイトは人間の合理性を情熱的に追求し、一般に信じられていた概念に壊滅的な打撃を与えた。そして、二十世紀のぞっとするような出来事が繰り広げられていった。第一次世界大戦の殺し合い、共産主義革命による自由の抑圧、ナチスやファシズムによる道徳の蹂躙《じゅうりん》、そして第二次世界大戦のガス室や原子爆弾。

そのため、現代の人々の世界観が、祖父の時代の人々のものに比べて明るくないことには驚かない。しかし、なかには世界観があまりにも暗く絶望的な方向に振れてしまって、その極限

8　J・ヘクター・セントジョン・ド・クレーブコール。一七三五年〜一八一三年。フランスからの移民でアメリカの作家。

9　ともにナチスの強制収容所があった場所。

にまで達してしまったのではないかというような人もいる。そして、現代の作家、芸術家、思想家を特徴づける極端に芝居がかったロマンチックな悲観論を深く考える人は、こうした極端に絶望的な世界観を持つことを望むようになる。前衛派の劇作家、イヨネスコ[10]は現代世界のなかに「はかなさ、残忍さ、虚栄心、憤怒、虚無、醜悪で役に立たない憎悪、突然静寂によってさえぎられる叫び声、夜の暗黒に永遠に飲み込まれる闇」以外のものは見なかった。セリーヌ[11]にとって、人間は「話す才能のある猿」であり、ベケット[12]にとっては「血なまぐさい、無知な猿」や「不治の伝染病」であり、レクスロス[13]にとって「この世は、愚かに育った背の高い子どもたちでいっぱいの、混沌状態である」。こうした自嘲と失意に直面すると、なんとかして昔の楽天性を取り戻したいと思うものだ。

この世の好機と悲劇を見出したのは、私たちの世代が初めてではない。しかし、もしこうした作家たちの言うとおりの世界になるならば、そのことを考えるだけで自己憐憫《れんびん》に溺れる最初の世代になりかねない。モンテーニュは、「われわれの病弊のうちで最も野蛮なのは、われわれの生存を軽蔑することである」[14]と言っている。

人生は厳しい。しかしこれは今の時代に限ったことではない。いつの時代でも、分別のある人は、人生の悲劇、皮肉、不条理に対して、必ずしもすべて受け入れることはないにしても、まっすぐに見つめてきた。また、自己の限界と弱さ、人生の避けがたい出来事の数々、肉体と精神を苦しめるすべての悩み、不合理、屈辱なども見つめてきた。こうしたことがわからない人は、とても若いか、とても愚かであるか、あるいはその両方であろう。今まで何百世代もの人々が、そんな自己憐憫には陥らずに生きてきたというのに、二十世紀の知識人たちがこんなにも多く苦しみ、気取った態度を取らなければならないのは理解に苦しむところである。

これは、一つには人間の道徳的な願望が、実際の能力を超えて急速に高まる点に問題がある。人間は正義や品位の点でいくらかの進歩を遂げると、すぐに完璧に正しく品位の高い世界を作り上げることができると夢見るものだ。そしてこれは、いくらかの幻滅を確実に招くものだ。

10 ウジェーヌ・イヨネスコ。一九〇九年～一九九四年。フランスの劇作家。フランスの不条理演劇を代表する作家の一人。

11 ルイ＝フェルディナン・セリーヌ。一八九四年～一九六一年。フランスの作家、医者。

12 サミュエル・ベケット。一九〇六年～一九八九年。アイルランド出身のフランスの劇作家、小説家。二十世紀を代表する作家と言われる。一九六九年ノーベル文学賞を受賞。

13 ケネス・レクスロス。一九〇五年～一九八二年。アメリカの詩人、翻訳家、批評家。一九五〇年代後半から六〇年代前半のアメリカに勃興したビートジェネレーションを代表する一人。

14 『エセー（六）』（原二郎訳、岩波書店、二〇〇二年）第十三章「経験について」（一九八頁）より引用。

チャールズ・フランケル(15)は次のように述べている。

近代化という革命とは、きわめて広い範囲にわたる道徳的革命であり、人間の想像力が心に描き、求めようと覚悟するものを根本から覆すものだった。それは幸福と不幸、成功と失敗を判断する基本的な尺度を変えてしまった。また、私たち自身が歴史を作っているのだという感覚を抱かせ、私たち自身と私たちのリーダーに対して新しくより過酷な要求を突き付けさせた。さらに、人間が昔からの重荷から解放され、自分たちの規範を定め、生活を管理していけるようになるという、人の心を支配するような世界観を広めることになったのである。

このような過度の期待は、合理的な範囲にとどめられているうちは過去の業績について自己満足に陥ることを防ぎ、より高い目標に向かって私たちを駆り立てるものだ。しかし、この不安定な望みがひとたび手に負えなくなってしまうと、人生は完全なものになりうるという大きな夢と、その夢が実現しなかったときの苦い幻滅との間で激しく行ったり来たりするローラーコースター状態に陥ってしまう。

賢明な人であれば、差し迫った危険から解放される時代など、来るわけがないとわかるはずだ。

残酷さ、暴力、残忍さなどは、もしそれが抑えられるものだとしたら、絶え間ない努力によってのみ抑えることができるものだ。一方で、怠惰、道楽、独りよがり、安楽が招く無気力、安寧が招く軟弱さなどは、つねに忍び寄る隙をうかがっている。硬直性、精神の空虚、狭い慣例主義、もったいぶった格式主義などは、どんな社会でも発病しうる病気である。個人と組織の間の問題を解決できる社会は、永久に現れないだろう。そして、文明の過度の発達からくる危険を冒すことなく、文明を発達させられる手段を見つけることのできる社会も、永久に現れないだろう。また、平等性と卓越性の矛盾を解決できる社会も、現れないだろう。

楽天的気質の再評価

継続的な革新に求められる要件を理解している人であれば誰でも、楽観主義から離れる傾向

15　一九一七年〜一九七九年。アメリカの哲学者。

は、よい面もあれば悪い面もあるとみなすのが精一杯だろう。過去に、楽観主義がしばしば極端になり、ときにはばかげたものですらあったことは、認めなければならない。しかし、それはみじめな誤りであったとする、ある方面の人々の間では人気の意見を受け入れる前に、もう一度よく考えてみる必要がある。

理想の王国が到来するという古い夢と、新しい悲観論はひとまずおいておこう。この問題を社会と個人の革新という観点から眺めてみると、どこに積極的な価値が存在するのかは明らかである。成長と創造性に関する限り、ある種の楽天的気質は絶対に必要である。十八世紀から十九世紀に西欧諸国を席巻した無批判な楽天主義――A・E・ハウスマン[16]が「幻想の家を建てるのは安いが、住むには隙間風が入り過ぎる」と表現した――に戻りたいと思う人はいないだろう。しかし、私たちは今日ある方面で大流行している意地悪く皮肉な憂鬱さを歓迎することもできない。いかにもわけ知り顔の、物憂く、幻滅したムードというものは、すばらしく成熟しているように見えるかもしれないが、世界の成長や、動きや、活気ある行動には、あまり関係ないものである。

アメリカ人のほとんどは、現代の憂鬱や、世をはかなむ風潮に屈しているわけではない。アンドレ・モーロワ[17]は、アメリカ人について「一言で言って、彼らは楽天家である」と言ったが、この判断は今も正しい。私はこの批評を非難的なものだとは思わない。アメリカ人は、この世界は救うに値する価値があり、知性と活力と善意があればそれを救うことができると、頑固に、やむにやまれず信じる能力がある。これは、アメリカ人の特徴のなかでも、最も心を惹きつける、すがすがしいものの一つである。

賢明な人であれば、アメリカ人の楽天的気質の持つ未熟な側面を好ましく思わないだろう。しかし、この楽天的気質を失ってしまったら、私たちは今よりももっと活気に乏しく、度量が狭く、はるかに冒険心の少ない国民になってしまうことは間違いない。私たちの国民性から熱情や寛大さは失われてしまい、世界に対する影響力も、それとともに消滅してしまうだろう。

16 アルフレッド・エドワード・ハウスマン。一八五九年〜一九三六年。イギリスの詩人、古典学者。
17 一八八五年〜一九六七年。フランスの小説家、伝記作者、評論家。

―第 12 章―

道徳の衰退と革新

自由社会における共通理念

ここまで論じてくれれば、成長しつづける社会を目指すには、社会の価値観や信念の革新に関心を持たなければならないことが明らかになったはずである。社会が少しでも革新されるとしたら、それは何かを信じ、何かを尊重し、何かを守り抜く人々によって革新されるのである。では、私たちの価値観や信念とは、どんなものだろうか？

この問いに答えるために、まずこの国には価値についてのコンセンサスがあるのだろうかという点から考えていこう。多くの意気消沈したアメリカ人は、そんなものはないと答える。一方で、そのようなコンセンサスを持つべきではないという人々もいる。後者はたいてい、個人の自由に深く傾倒しており、人生の生き方としての多元主義や多様性に心から忠実な人である。彼らは公式の哲学や道徳がほのめかされることすら恐れるし、価値観に共通点を見出そうとすることは、究極的には多様性を消滅させることになるのではないかと不安に思うのだ。

第一に言えるのは、効果的に機能している社会には、必ずある程度のコンセンサスが存在するということだ。これがなければ、社会はまったくばらばらに分解してしまうだろう。ある程度の道徳的な前提について大まかな合意のない社会では、どのような法律制度をもってしても混乱を防ぐことはできないだろう。

いかにうまく作られ、民主的な性格を持った社会制度システムであっても、社会の構成員が共有する一定の習慣や態度によって下支えされていなければ、自由を保つのには不十分である。社会の要求と個人の要求は、常に対立する危険性をはらんでいる。個人の自由は、思想や行動に深く根ざした習慣によって支えられない限り、強い圧力に耐えることはできない。もし若い人々が自由な人々の伝説を聞かされて育ち、彼らの父母や祖父母が自由を守るために闘うのを目撃し、自由人はいかに行動すべきかを伝統から学ぶなら、自由が生き残る見込みは比較的高くなる。このように育てられた人々なら「悪政を遠くから察知し、暴君の接近をそよ風のなかから嗅ぎ当てる」(1)ことができる。

しかし自由を支えるには、習慣や態度だけでは足りない。習慣や態度は変わりうる。現代の

1　エドマンド・バークの言葉。

世界では、古い習慣が打ち砕かれる音が、絶え間なく聞こえる。これは、現代を特徴づける音の一つである。自由の思想にもし永続性があるとすれば、それは私たちの哲学的・宗教的見解に根ざしたものでなければならない。自由とは、伝統や生活様式の心地よい属性であると信じるだけでは十分ではない。自由が正当で必要な属性であることも信じる必要がある。言い換えれば、自由への忠誠は人間の道徳的・倫理的価値観から自然に発生するものでなければならないということだ。

私たちの社会は、このような価値について、つねにある程度のコンセンサスを持っていた。そして、批評家たちがなんと言おうと、私たちは今もなおそのコンセンサスを持っているのである。私たちの価値体系がいかに細分化されていようとも、私たちは実際にある種の真理に対して同じ意見を持ち、共通の目標を持ち、ある規則の正しさについてお互いに認め合っている。歴史家や人類学者によって報告される人間の経験すべてに照らしてみたとき、私たちの社会で支配的な価値観が占める範囲は、適度に狭いものである。一見、意見の不一致と思われるようなことも、広い視野から眺めれば、枝葉末節にこだわる論争に過ぎない。

このように、私たちが価値について合意していることは、けっして多様性の理想と相反するものではない。私たちの合意が自由で理性的なものであるということ自体が、この共通理念の本質だからである。それは批判を受け入れ、さまざまな解釈を許すものだ。また、継続的に変更され、成長し、自由で、強制されることなく流動的なものだ。

このコンセンサスが効力を発揮するためには、必ずしも全員の意見が一致する必要はない。共同体の目的を形成する担い手としてふさわしい、知性、活力、責任感を持った相当数の人々の間に、おおまかな合意がありさえすればよいのである。

イノベーションに関心のある者にとって、価値に関するコンセンサスはとりわけ重要である。もし共通理念がかなりの程度で一致していたら、その一貫性や独自のスタイルを失うことなく、非常に大がかりなイノベーションに没頭することができる。もしアメリカの共通理念によって永続性が補充されていなかったら、イノベーションや多様性を好む国民性によって、アメリカは混乱と無秩序の状態に陥っていただろう。

多元的な社会では、コンセンサスはその必要上、価値観の中間とでも言うべきところに位置しなければならない。コンセンサスによって、行儀作法や日常の習慣などの表面的な些細なことがらに対処できないことは明らかだし、人間の思想の深淵を測ることもできない。人間の行動を律する基本的な価値観や、自由や正義といったものの概念を扱うことはできる。しかし、こうした価値はさらに深い哲学的・宗教的信念の上に浮かぶものである。これらの信念は、自分自身の性質について人間が抱いている最も深遠な見方によって支えられている。しかし、このような深層にまで立ち入るとき、私たちは妥協を許されないほど深く、個人の内面に関する問題に直面するのである。

個人の心の奥深くにある信念にまでコンセンサスを押し付けることが許されないこともある。一方、表面の波頭だけに心を奪われているのは無意味だ。だから、多元的な社会はこの両極端の中間にコンセンサスを打ち立てようと、賢く努めるのである。

私たちの場合について言えば、この中間層には自由や機会平等についての理想、個人の価値や尊厳についての概念、正義の思想、兄弟愛の夢などを見出すことができる。私たちが、これらの共通の価値観について必ずしも忠実ではないという事実は、思想の混乱やコンセンサスの破たんを示すものでない。私たちは、忠実ではないかもしれないが、それらの価値は認識しているのである。「忠実になることもできずに、そんな価値を認めてなんの役に立つのか？」と問う人もいるだろう。これに対する答えは、病気の治療法に関心があるのなら、何が病因であるかを知ることが大切だということだ。私たちの社会の病因は、価値に対する思想の混乱ではなく、価値に対する不誠実さなのである。

道徳に向かうために

二十世紀の前半には、価値観については「科学的な」中立性、または不可知論的立場(2)を維持することが、知性のある人のやり方であると、多くの人が信じるようになった。ここで注意しなければならないのは、科学について大した知識もない人々が強く主張した見解について、科学者たちを責めてはいけないということだ。確かに、自然科学者や社会科学者にとっては、ある種の価値観について中立性を守ることは、仕事を進める上でどうしても必要なことだ。例えば彼らは、ダーウィンの進化論が示唆することについて、善悪を配慮することはなかった。彼らは、ただ既知のデータを体系立てる上で、過去の見方よりもよい枠組みを提供してくれるかどうかということに関心があったのである。

しかし、人間生活のすべての領域にこのような中立的な態度を押し広げられるとする考えは

2　人間は感覚的に経験すること以上を認識することはできないという立場。

ばかげている。このような考え方をする人々も、個人的な生活の場面で、あたかも不可知論者であるかのような態度をとって成功したためしはないのだ。彼らも、誰かに欺かれたりすれば道徳的に怒り、誰かに中傷されたりすれば道徳的に憤慨する。しかし、彼らは個人の利益にかかわるようなことについては道徳的不可知論者のように振る舞うことはなくても、共同体全体に関わることになると、そのように振る舞うのである。彼らは、道徳的価値について公に語るときには、必ず中立でなければならないと信じているかのようだ。

　このように、道徳的価値にあまり触れたがらない現代人の傾向は、道徳の相対性の概念によってさらに強められている。私たちの道徳的規範は、時代とともに変化していくものであり、他の社会では異なる道徳的規範を持っていることを、公平な研究は明らかにしている。このことから、すべての道徳的判断は、その判断が行われる環境について相対的なものであるという考えが生じた。社会科学者たちは大変な苦労の末にこの結論に達したのであり、私たちもこの見解の正当な側面について認めないわけではない。しかし、これを一種の道徳的非干渉主義《レッセ・フェール》を正当化するものだと受け入れる人々が次第に増えていく現状は、ゆゆしきことだと言わざるをえない。この道徳的非干渉主義とは、あらゆる種類の価値観を許容し、それぞれが対立するままに任せておけば、何かよい結果が自然と得られるだろうという考え方である。この考え方に従えば、自己の信ずることのために力を尽くすのは不必要であり、おそらく体裁のよいことでもないということになる。なぜなら、価値観同士が競い合うことによって、すべての問題が自然と解決されるはずだからである。事実、そうだとすると特定の価値を信じる必要すらなくなり、ただ関心を持った傍観者の立場を保っていればよくなるのだ。

このような考え方がいかに不合理なものであるかを知るには、それが全世界の人々に広まった状態を想像してみるとよい。誰も何も信じず、みんながいろいろな価値の対立を眺めるだけの傍観者になるだろう。しかし実際には、誰も信ずるべき価値を持たないのだから、眺めるべき対象すら存在しなくなる。

現代人と、その一世代前の人々が直面しているより捉えがたい問題は、道徳に対する消極主義である。二十世紀初頭にピークを迎えた道徳に対する真剣さは、現在でもなお教養ある多くの人々に影響を与えている。これらの世代の人々は、知的世界の指導者たち、すなわち芸術家、作家、科学者、学者などが十九世紀の重苦しい因習から自らを解放するために激しい戦いを繰り広げていた時代に成人した。こうした反逆者たちは、多くの場合きわめて道徳的であったし、当時の因習のなかには見出すことのできなかったより高い道徳性を求めて闘った。彼らは、当時の理想主義的表現にはすべて致命的な偽善的要素が含まれていると信じ、あらゆる説教や道徳的価値についての使い古された表現を疑ってかかるようになった。

当初、伝統的な道徳規範という風船を突っついてみるというのは、勇気のある人々だけにできる冒険的な行動であった。しかし、それは間もなく誰にでもできるゲームとなり、そしてほとんどすべての人々がこの遊びに加わるようになった。一方で、彼らの想像力はだんだんと少なくなり、空虚な模倣性だけが増していったのである。

ビクトリア朝時代の因習の硬直性こそが、二十世紀の創造的意欲にとっての障害であったことは間違いない。しかし、この障害が克服された今でも、それがいまだに存在するかのように騒ぎつづける人々は、いささか滑稽な存在になっている。もちろん、これもわからないことではない。人間は昔の論争を蒸し返したり、ずっと以前に征服してしまった敵に対して再び戦いを挑んだりすることによって莫大なエネルギーを費やすことに、避けがたい誘惑を感じるものだ。しかし、こうしたことに力を入れれば入れるほど、現実の闘いに対する備えはおろそかになってしまいがちである。私たちは、もはや十九世紀の道徳規範の硬直性から、抑制を受けてはいないのだ。熱心な破壊者たちが、すでに古い道徳律の建物を叩き壊してしまったのだから。必要なのは、建物の残骸をさらに細かく打ち砕くことではなく、雨風から身を守るために今後何をすればよいかを自問してみることだ。

これは、私たちがこれから道徳的なイニシアチブをどのような方向から求めるかということについて、根本的な転換を迫るものだ。かつては懐疑論者や、現状の批判者たちが中心となって、道徳的な取り組みを推進していた。現代では、懐疑論そのものが打ち破るべき「現状」となっている。今後、この取り組みの推進主体となるべきなのは、新しい道徳的秩序を生み出そうとする人々である。こうした状況のもとでは、道徳的真剣さを表明することを単なる習慣からあざ笑う人々は、自動車のランブルシート(3)や自家製密造酒(4)のように時代遅れである。

多くの現代人は、道徳的関心をむきになって表明するくらいなら、赤く熱した石炭の上を裸足で歩く方がましだと思っている。彼らは、道徳論について語るときには懐疑論やユーモアを交えたり、悲観論で否定したりして、遠まわしに表現しなければならないと思っている。しかし、道徳について真剣に語ることを恥ずかしく思うのは、気取り過ぎているか、世間ずれし過ぎた人がかかる病気なのだ。気取らない人々であれば、自分たちの最も深い価値観に照らしてものごとを判断し、その価値観に対する忠誠を表明することを当然だと思っている。そして

3　二人乗り乗用車の後部に取り付けられた、一～二名分の折りたたみ式の補助席。
4　一九二〇年代、禁酒法下のアメリカに広まった。

彼らは人間の誤謬《ごびゅう》性の範囲内で、その価値観が自らの行動を律することを期待する。だから、彼らは道徳的価値観について語ることを、おかしいとも恥ずかしいとも思わないのだ。

もちろん、道徳的真剣さを独断主義、厳粛さ、体制順応主義と同一視することは誤りである。ソクラテス[5]は道徳を尊重することにかけては誰よりも熱心だったが、彼には独断的なところや、もったいぶったところはなく、当時「尊重すべき」とされていた考えをしばしば軽蔑することさえあった。

道徳に対して真面目に賢明に取り組めば、大昔から人間を悩ませてきた問題を乗り越えて、明るい高台に立つことができると思うのは、誤りであろう。道徳的な真剣さによって、複雑な問題が解決されることはない。問題から逃げ出すのではなく、問題に向き合うように仕向けるだけである。明晰な頭を持っているからといって、ドラゴンを倒すことはできない。ただ、本物のドラゴンが襲ってきているときに、張子のドラゴンに立ち向かう愚を避けることができる。これは、取るに足らない長所ではないのだ。

涸れていく貯水池

ジャック・バルザン(6)は、「この頃の雷雨は昔のように空気を清めなくなった」と嘆く老婦人について書いている。こうした考え方は、年配の女性方や天候の話に限ったものではない。次の哀愁に満ちた詩を読んでみるとよい。

私はいま、誰に話しかけたらよいのか？
　穏やかな人は死に絶え
　粗暴な人が誰にでも近づける。
私はいま、誰に話しかけたらよいのか？
　この世は不正によって痛めつけられている。
　それは果てしなく続く。

5　紀元前四六九年頃〜紀元前三九九年。古代ギリシャの哲学者。
6　ジャック・マーチン・バルザン。一九〇七年〜。フランス生まれのアメリカの歴史学者。

私はいま、誰に話しかけたらよいのか?
正義を行う人はいない。
世界は悪者たちの手に落ちてしまった。

この詩の作者が今の世を嫌悪し、より穏やかで正しかった過去を懐かしむ感情は、とても現代的なものに感じられる。しかし、この詩は二十世紀の不平を抱く人によって書かれたものではない。四千年ほど前、エジプトの中期王朝時代に自殺を考えていた人が書いたものなのだ。

過去の美徳は消え去り、昔の価値観は崩壊し、古きよき時代の厳格さが尊重されなくなったと考えるのは、いつの世も変わらぬ人間の性質である。今日多くの人々が、私たちの価値や、国民としての道徳性や、美徳や正義に対する忠誠心などは、ずっと昔には満々と水をたたえた貯水池のようだったと考えている。それがどのくらい昔のことだったかは、はっきりしないが、おそらく私たちの祖父の時代にはそうだったのだろう。それ以後は、水は流れ出す一方である。しかし私たちの祖父も、その貯水池は彼らの祖父の時代にはいっぱいに水をたたえていたが、それ以後は流れ出す一方だと考えていた。そのまた祖父の世代も、同じような考えを持っていたのである。ではなぜ、この貯水池は干上がってしまわないのだろうか？

その答えは、道徳秩序は衰退するが、一方で新たに生み出されるからである。ジョセフ・キャンベル(7)は次のように述べている。

ひとり生誕のみが死を征服できる。魂の内部で、社会体の内部で――われわれがながく生きのこるためには――執拗な死の再現を無と化する「生誕の再現」が絶えず起こらなければならない。(8)

価値観の領域ほど、この言葉の真理がよく当てはまるものはない。人間はつねに古い象徴を腐敗させ、古い真理から離れ去っていくものである。高潔で、明快で、新鮮な思想や理想が今日手に入ったとしても、私たちは確実に一世代のうちに完全に陳腐化させてしまうことは間違いない。私たちは自分たちの価値観を形式のなかで窒息させ、急速に無意味化する社会的慣例の殻に閉じ込めてしまう。しかし、信念を失っていく人々がいる一方で、新たな精神的な洞察

7　一九〇四年～一九八七年。アメリカの神話学者、文学者。比較神話学や比較宗教学で知られる。
8　『千の顔をもつ英雄（上）』（ジョセフ・キャンベル著、平田武靖他訳、人文書院、一九八四年）三十一頁より引用。

を得る人々もいる。道徳的な生活の面でゆるみが生じ、偽善的になっていく人々がいる一方で、道徳的な努力に新しい意味と活力をもたらす人々もいるのである。

価値観を再構成する際に、すべての人が同じように重要な役割を果たすのではない。しかしこのプロセスには、想像以上に多くの人々が関わっているのだ。アミエル(9)は「すべての人の生涯は信念の表明であり、無言のプロパガンダを必然的に実行するものである。それは、力の及ぶ限り、全世界と人間性を自らのイメージにあわせて作り変えようとする。すべての人の行為は、他の人々に対して永久に続けられる無言の説得である」と述べている。

若い人々は、真理や正義などの言葉やその定義を学ぶことによって、自らが属する集団の価値を吸収するのではない。態度や、習慣や、判断の下し方を学ぶことによって吸収するのだ。彼らは、家族や親しい友人とのごく個人的な交流を通じて学びとっていく。彼らはそれを日常的な行為や生活の危機から学ぶのだが、同時に歌、小説、ドラマ、ゲームなどからも学ぶ。倫理の原則を学ぶのではなく、倫理的（あるいは非倫理的）な人々をまねるのである。自分が伸ばしていきたいと思う特質を分析したり書き出したりするのではなく、こうした特質を持っていると思われる人々に共鳴するのだ。これが、若い人々に手本が必要な理由である。彼らの想像の世界でも、彼らが置かれている実際の環境でも、最高の人間像を示す手本が必要なのだ。

確固たる信念を持つ社会はその信念についてことさらに述べたりしないが、つねにその信念を繰り返し強調している社会はそれを失いつつあるということは、今日の知識人の間でよく聞かれる。安定していて、比較的均質的な前近代的社会では、おそらくこれは真理だっただろう。しかし、これは現代のどの社会にも当てはまらない。現代社会は自らの信念について語り、議論し、賛美し、劇的に表現する必要がある。

各世代が自由、正義といったような記念碑的な言葉の意味を再発見できるように手助けすることは、どの社会にとっても終わることのない仕事である。各世代は、自分たち自身で勝ち得たものではない勝利の恩恵に浴している。自由を得るために闘った世代は、その自由を次の世代に伝えることができるかもしれない。しかし、自由を勝ち取るためにどれほどの勇気と忍耐が必要かということについての、強烈な個人的体験を伝えることはできない。

この急速に変わりゆく世界では、両親たちから与えられた道徳上の教訓はもはや通用しなくなった、と若い人々が感じることも時としてある。また、彼らは道徳的なことについて、両親

9　アンリ・フレデリック・アミエル。一八二一年～一八八一年。スイスの哲学者、詩人、批評家。

たちの発言と行動が矛盾していることに気づくことも、しばしばある。これは紛らわしいことだが、破滅的というほどでもない。こうしたことが若者の道徳的向上心の芽を摘んでしまうのだと想像する著述家たちは誤っている。道徳的分野における革新は常に、理想と現実、教訓と実践との困難な対立に取り組むことから始まるのである。そして若い人々こそが、この対立をやり遂げるのにふさわしいのだ。新鮮なビジョンや反骨精神を持っているおかげで、これまで尊ばれてきた理想像から偽善の仮面をたやすくはぎ取ることができるのだ。

私たちの抱えている最も難しい問題の一つは、いかにして若い人々を彼らの時代のこの大事業に参画させることができるかということだ。私たちのように複雑化した技術的な社会では、若者の想像力やエネルギーのために建設的な出口を見つけることは、ますます難しくなっている。アレキサンダー大王は二十代前半でその当時知られていた世界の半分を征服し、十九世紀のニューイングランドの少年たちは十代の後半で船長となって航海していたかもしれない。しかし私たちの時代では、長期間にわたる訓練と経験を非常に重視している。私たちは、このような形に社会を作り上げてしまったため、今日の青年に開かれている可能性は、お堅いものか取るに足らないものばかりになってしまった。そして、彼らの道徳的向上心を呼び起こす方法を探そうとしても、できることと言えばせいぜい涸れつつある貯水池の見張りをさせることぐらいしかない場合が、あまりにも多いのである！　これは、活動的な精神と積極的意欲を持つ若い人々にとっては、なんと信じがたいほどに退屈な仕事だろうか！　これでは、道徳的秩序とは両親や、大学の学部長や、卒業式で祝辞を述べる来賓たちが、若者を退屈させるためだけの目的で作り出したものだと、多くの若い人々が考えるのも無理はない。

貯水池は枯渇しつつあるという考えが特に不適切なのは、決して増えることのないものを維持することが大切であるかのように思わせるからである。これでは、維持することばかりが強調され、新たに創造する可能性は無視されてしまう。貯水池がほとんど涸れてしまったと考える人々は、残っている水を維持することばかりに心を奪われて、まだ見ぬ将来に備えて創造性を培っておくことには思いが及ばないのだ。

若い人々には、彼らの仕事は古い価値観が損なわれないように退屈な見張りをすることではなく、彼ら自身の時代が持つジレンマや大変動に直面しながら、自らの行動のなかでこうした価値観を再構成するという、厳しくはあるが爽快な事実を告げるべきである。また、私たちが大切にしている理想は、昔の闘いや祖先の業績を長く記憶にとどめるために安全に維持されているとほのめかす代わりに、すべての世代は苦しい闘いを繰り返しながらこれらの理想に新しい活力を吹き込んだり、あるいは滅びるに任せたりしているということを、若い人々に話して伝えるべきである。

要するに、社会の道徳的基調を維持する、もしくは堕落するままに放置する価値観というものは、よかれ悪かれ、毎日のように育っていくものなのだ。これは、ある大人たちが見せかけているように、ご先祖様にお祈りするような退屈な作業ではない。価値観の育成は市場の砂塵や喧騒のなか、毎日の新聞紙上、教室や運動場、都会のアパートや郊外の牧場の家など、いたるところで行われており、言葉で伝えるよりも、はるかに生き生きと伝わっていくものである。道徳的秩序は静的なものではない。歴史的文書のなかに祭られているものでもなく、家宝の銀器のようにしまい込まれているものでもなく、敬虔でいくぶん年老いたモラリストの精神のなかに宿っているものでもない。道徳的秩序は、活動している社会体系の一つの属性である。それ自体が生きていて、変化するものであり、衰退したり崩壊したりもするが、同時に再活性化したり再強化したりすることもできる。そして、他のどの世代よりも、その維持を預かる世代の人々にとって優れた存在になるのである。

この真実を理解し、意味するところを受け入れる人々は、道徳的秩序の革新と、自らの社会の革新を行うのにふさわしい者となるだろう。彼らは、革新の仕事に終わりがないことを理解している。また、社会とはいったん作り上げた後は最小限の労力で維持していける機械のようなものではなく、よくも悪くも、社会の構成員によって絶えず作り変えられていくものであると理解している。このことを厄介な責任だと思う人もいるかもしれない。しかしそうでない人は、偉大な目的に奮い立つはずだ。

訳者あとがき

本書は、ジョン・W・ガードナー著 *"Self-Renewal: The Individual and the Innovative Society"* の全訳である。原書の初版は一九六四年六月にハーパー・コリンズから刊行された。一九八一年にはW・W・ノートンから改訂版が刊行され、「序文」が付け加えられている。現在入手できるのは一九九五年に刊行された改訂版のペーパーバックで、本書の底本にはこれを採用した。邦訳は一九六五年に『自己革新――マンネリを克服するための考え方』（ダイヤモンド社、最上潤訳）として刊行されていたが、現在は絶版となっている。今回、新訳によって全文を改め、サブタイトルを改変したほか、それぞれの章扉に写真を加えた。

ガードナーは、二十世紀後半のアメリカを代表する知識人の一人であり、高い道徳心を持つ社会変革のリーダーであった。そのキャリアは非常に多彩である。大学の心理学講師にはじまり、カーネギー・コーポレーションで教育問題に取り組み、ケネディ大統領のスピーチライターを務め、リンドン・ジョンソン政権では保健教育福祉長官として「偉大な社会」政策を推進した。その後、歴代の大統領のアドバイザーを務めるかたわら、非営利のロビー団体「コモン・コーズ」や、非営利団体の支援を行う「インディペンデント・セクター」を創設し、大きな成果を上げげた。晩年はスタンフォード大学で教鞭をとっている。その功績を讃える受賞歴は数多く、なかでも一九六四年に教育への貢献を認められ、文民としての最高栄誉である大統領自由勲章を受章していることは特筆に値する。

大学教授、政治家、市民活動家。一見、バラバラにみえる著者のキャリアはしかし、彼が目指した理想と信念に照らしてみれば、きわめて筋が通っている。彼の理想とは「持続的に繁栄する社会」であり、これを実現するために教育を通じてあらゆる世代の人々の意識を高め、自由で生き生きとした取り組みを促すことを目指した。そのためには古い価値観に縛られることなく、時代や環境の変化に応じて、新しい価値観を生み出し、社会の仕組みを変革していかなければならない。だからこそ、彼は自らの「自己革新」の信念に従い、時代や環境の変化とともに、次々と新たなキャリアに挑戦していったのである。

私が本書に出会ったのは二〇〇八年の初頭であった。経営コンサルタントとして、企業の変革や新規事業の企画・立ち上げを支援するかたわら、ビジネス書の企画をしていた。リサーチの過程で、ある実業家が本書を推薦していることを知り、取り寄せてみた。一読して、個人と組織の絶え間ない自己革新の必要性や、個人主義の追求と社会貢献の目的意識を合致させる道徳観などに、強く共感したことを記憶している。

そのころ、アメリカは好景気に沸いていた。その旺盛な消費意欲に支えられ、日本の自動車やエレクトロニクスなどは元気があった。しかし、日本の人口は減少傾向にあり、国内市場は縮小しはじめていた。小泉政権の退陣後、国内の政治は改革のペースが鈍り、財政赤字や年金などの問題が露呈し、制度疲労が明らかになっていた。自殺者は一九九八年に年間三万人を突破し、以後十年間減っていなかった。要するに、ビジネス以前の問題として、経済環境、社会環境に大きな不安、閉塞感があった。こうしたなか、私が強い衝撃を受けたのは、本書（二〇五頁）の次のくだりである。

成熟した社会では、変革に対する抵抗があまりにも強い障壁となるため、革新にはしばしばショック療法が必要となる。国家は、きわめて重要な社会変革について、戦争や恐慌によって半ば強制されるまで対応を先送りするだろう。多くの企業は、明らかに必要とされる改革に着手するために、破産手続きを経る必要がある。恐ろしいことに、大災害はしばしば大きな改革をもたらす。たとえば、サンタバーバラは西海岸で最も美しい都市の一つだが、その美しさは一九二五年の地震によって都市のほとんどすべてが破壊されたことに起因している。

この状況を打開するには、ショック療法が必要なのだろうか？　私は恐れつつ自問したが、果たせるかな、リーマンショックを境に世界経済は未曽有の大混乱に陥り、絶対に潰れないと思われていたGMや日本航空が経営破たんした。その後日本を襲った三・一一の大災害は、大きな犠牲と損害をもたらした上に、それまで意識すらしていなかったエネルギー問題について、再考せざるをえない状況を作り出した。本書の指摘は、残念ながら正しかったのである。私はこの本の日本語版を復刊することによって、その教訓をできるだけ多くの人々と共有したいと思った——これが、本書を企画した動機である。

初版から半世紀近くたっても、本書の内容は色あせない。すべての時代のあらゆる人々にとって価値のある内容だが、私が二〇一〇年代の日本で特に読んでいただきたい人々の層は二つある。一つは、これからキャリアを築こうとしている若い人々。年齢でいえば大学生から三十五歳くらいで、これからの社会を担っていく人々である。どうか、既存の価値観にとらわれず、自由な発想で社会をよりよくする取り組みに参画してほしい。本書の内容は、大きな励みとなるはずである。

もう一つの層は、既得権益を握る全ての人々である。政治家、官僚、経営者、銀行家、投資家、教育者、メディア従事者など、いまの日本の仕組みを支え、運営し、リソースを握っている人々である。私は、既得権益が害悪だというつもりは毛頭ない。むしろ、社会が持続的に富を再生産し、繁栄していくためには、欠かせないものだ。新しい価値観を持ち、新しい取り組みにチャレンジする人々を支援し、新しい社会の枠組みづくりを手助けしていただくことを切に願っている。本書が、その必要性を理解する一助になれば幸いである。

翻訳にあたっては、原著の知的かつ格調高い雰囲気を損なうことのないよう、日本語としての読みやすさも考慮しつつ、推敲を重ねた。一部、原文との厳密な整合性を欠くところがあるかもしれないが、著者の意図は十二分に汲んだつもりである。しかし、万が一誤りがあるようであれば、その責任は全て訳者にある。忌憚のないご意見を頂ければ幸いである。なお、原注の参考文献については、その多くが入手不可能であったため割愛したが、日本語訳が入手可能なものについては訳注をつけた。また、人物名についても訳者の判断で訳注を加えている。参考にしていただければ幸いである。

最後に、本書のために日本語版序文を書きおろしてくださったスタンフォード大学経営大学院名誉学長のロバート・L・ジョス教授に、心からお礼を申し上げたい。教授は、この企画に強く共感し、私の依頼に快く応じてくださっただけでなく、謝礼を辞退した上で「その同額を福島のみなさんのために寄付してほしい」と申し出てくださった。長いキャリアを通じて著者と親交のあった教授の文章からは、著者に対する深い尊敬と憧憬の念が伝わってくる。「私たちの目の前にあるのは、解決できない問題であるかのように偽装された、息を呑むような機会の数々である」――ジョス教授が引用した著者の言葉に、胸が熱くなったのは私だけではないはずだ。

奇しくも今年は著者の生誕百周年にあたる。本書を出版する機会を作ってくださった英治出版の原田英治社長、編集全般にわたって尽力してくださった編集長の高野達成氏、本書の価値を理解し、粘り強く支援してくださった出版プロデューサーの山下智也氏、装丁を手がけてくださった長坂勇司氏、章扉の写真を提供してくださったカメラマンの和田剛氏、この企画を支持してくれたスカイライト コンサルティングの経営陣、丁寧な調査と校正で品質を高めてくれた武内麻佐子、熱心に応援してくれた友人のみなさん、そして、翻訳作業中に大きな犠牲を強いた妻の若奈と二人の子どもたち、りさと陸央に感謝の意を捧げたい。

本書が未来の日本人を励ましつづけることを願って。

二〇一二年四月　スカイライト コンサルティング株式会社　取締役　矢野 陽一朗

1964　教育への貢献を認められ、文民としての最高栄誉である大統領自由勲章を受章。2 冊目の著作 *Self-Renewal* を発表。

1965　リンドン・ジョンソン大統領から保健教育福祉長官に指名される。10 万人以上の職員を統率し、「偉大な社会」政策を推進する。公民権法の施行に尽力したほか、高齢者に一定水準の医療制度を提供するメディケア法案や、貧しい学生の救済を目的として初等・中等学校に連邦助成金を提供する教育法案を可決させる。また、TV 放送によって一般大衆の教育水準を向上させるため、「セサミストリート」で知られる公共放送局 PBS の設立を推進した。

1968　ベトナム戦争を支持できないという理由から、保健教育福祉長官を辞任。

1970　市民の政治意識を高め、政治への発言力を高めることを目的とした非営利のロビー団体「コモン・コーズ（Common Cause）」を設立。設立後 1 年で 20 万人以上の会員を集め、ベトナム戦争終結、軍備予算削減、選挙制度改革、環境問題への対応など、数多くの成果を上げる。

1978　コモン・コーズを「革新」させるため、自ら会長職を退く。

1980　民間の非営利団体を支援する「インディペンデント・セクター（Independent Sector）」を設立。

1988　高齢者ボランティアにより地域コミュニティの教育・福祉活動を支援する「エクスペリエンス・コープス（Experience Corps）」を設立。

1989　スタンフォード大学にて、公共サービスの教授として教鞭をとる。

2002　2 月 16 日、スタンフォード大学のキャンパス内の自宅にて、がんによる合併症のため死去。享年 89 歳。

■ 著作

Excellence（1961）邦訳『優秀性』（讃岐和家訳、理想社、1969 年）
To Turn the Tide（1962）※ケネディ大統領のスピーチ集。ガードナーが編集した
Self-Renewal（1964）旧版邦訳『自己革新』（最上潤訳、ダイヤモンド社、1965 年）
No Easy Victories（1968）
The Recovery of Confidence（1970）
In Common Cause（1972）邦訳『コモン・コーズ』（加藤幹雄／国弘正雄訳、サイマル出版会、1977 年）
Morale（1978）
On Leadership（1990）邦訳『リーダーシップの本質』（加藤幹雄訳、ダイヤモンド社、1993 年）

ジョン・W・ガードナー／年表・著作

■ 年表

1912　10月8日、父ウィリアム、母マリーの2番目の息子としてカリフォルニア州ロサンゼルスに生まれる。

1913　父死去。以降、母の道徳観、文学と旅行に対する情熱に強く影響を受けて育つ。

1929　世界旅行のために1年間休学したのち高校を卒業し、スタンフォード大学に入学。学部時代は水泳部に所属し、西海岸大学連盟で自由形の新記録を樹立した。

1934　大学で知り合ったグアテマラ出身のアイーダ・マロクインと結婚。彼女との交際のためにスペイン語を習得した。以後、二人の娘をもうける。

1936　スタンフォード大学で心理学の修士号を取得。

1938　カリフォルニア大学バークレー校で心理学の博士号を取得。東海岸へ移住し、コネチカット、マサチューセッツの大学で講師をつとめる。

1942　前年の第二次世界大戦開戦を受け、アメリカ軍の諜報機関に参画。南米向けの諜報活動や、CIAの前身であるOSS（Office of Strategic Services、戦略諜報局）の組織づくりに関わる。

1946　軍を退役。退役時の階級は大尉（Captain）であった。同年、ニューヨークの非営利団体、カーネギー・コーポレーションにスタッフとして参画。

1955　カーネギー・コーポレーション理事長に就任。大衆の教育水準を向上させることを訴え、調査・報告を行う。

1961　最初の著作 *Excellence* を発表。民主主義を推進し、教育水準を高め、職業の貴賤にかかわらず各々が高い目標を掲げることにより、社会を向上させることを訴えた。これがケネディ大統領に認められ、スピーチライターとなる。また、教育分野のアドバイザーを務めた。

［著者］

ジョン・W・ガードナー

John William Gardner

1912年生まれ。スタンフォード大学卒業、心理学博士。カーネギー・コーポレーション理事長、ケネディ大統領のスピーチライター等を経て、リンドン・ジョンソン政権で保健教育福祉長官に就任。10万人以上の職員を率いて「偉大な社会」政策を推進し、公民権、学校教育、医療制度の向上に尽力した。退任後は市民組織「コモン・コーズ」を創設し、ロビー活動を通して教育、政治改革、環境問題で成果を上げた。その後も「インディペンデント・セクター」「エクスペリエンス・コープス」などを創設して草の根の市民活動を支援し、晩年はスタンフォード大学で教鞭をとった。20世紀後半のアメリカを代表する知識人であり、高い道徳心を持つ社会変革のリーダーとして、多くの人々に影響を与えた。2002年永眠。

［訳者］

矢野 陽一朗

Yoichiro Yano

1969年生まれ。慶應義塾大学経済学部卒業。アンダーセンコンサルティング（現アクセンチュア）を経て、2000年、スカイライト コンサルティング株式会社の設立に参画、取締役に就任し現在に至る。

[日本語版序文]

ロバート・L・ジョス

Robert L. Joss

1941年生まれ。スタンフォード大学卒業、経営学博士、スタンフォード大学経営大学院フィリップ・H・ナイト教授、名誉学長。1968年、ジョン・W・ガードナーが創設したリーダー養成プログラム、ホワイトハウス・フェローに選出される。ウェルズ・ファーゴ副会長、ウェストパック銀行CEOなどを経て、1999年、スタンフォード大学経営大学院学長に就任。10年間にわたって同大学院の改革に尽力した。退任後も経営管理、組織、リーダーシップの研究と教育に取り組んでいる。シティグループ社外取締役、ベクテル・グループ社外取締役など、民間企業の要職多数。

[日本語版企画]

スカイライト コンサルティング株式会社

Skylight Consulting Inc.

経営情報の活用、業務改革の推進、IT活用、新規事業の立ち上げなどを支援するコンサルティング企業。経営情報の可視化とプロジェクト推進力を強みとし、戦略の立案から実現・実行まで、顧客と協働して成果を上げることで知られる。顧客企業は一部上場企業からベンチャー企業まで多岐にわたり、金融・保険、製造、流通・小売、情報通信、官公庁など、幅広い分野でプロジェクトを成功に導いている。
ビジネス書の企画・翻訳には『ネクスト・マーケット』『熱狂する社員』など「ウォートン経営戦略シリーズ」10タイトル、『社会が変わるマーケティング』、『選ばれるプロフェッショナル』がある。

http://www.skylight.co.jp

● 英治出版からのお知らせ

本書に関するご意見・ご感想を E-mail（editor@eijipress.co.jp）で受け付けています。
また、英治出版ではメールマガジン、ブログ、ツイッターなどで新刊情報やイベント情報を配信しております。ぜひ一度、アクセスしてみてください。

メールマガジン　：会員登録はホームページにて
ブログ　：www.eijipress.co.jp/blog
ツイッター ID　：@eijipress
フェイスブック　：www.facebook.com/eijipress

自己革新［新訳］
成長しつづけるための考え方

発行日　2012 年 5 月 15 日　第 1 版　第 1 刷

著者　ジョン・W・ガードナー
訳者　矢野陽一朗（やの・よういちろう）
発行人　原田英治
発行　英治出版株式会社
〒 150-0022 東京都渋谷区恵比寿南 1-9-12 ピトレスクビル 4F
電話　03-5773-0193　FAX　03-5773-0194
http://www.eijipress.co.jp/
プロデューサー　山下智也
スタッフ　原田涼子　高野達成　岩田大志　藤竹賢一郎
杉崎真名　鈴木美穂　下田理　原口さとみ
山本有子　千葉英樹　野口駿一
印刷・製本　シナノ書籍印刷株式会社
装丁　長坂勇司
写真　和田剛

ISBN978-4-86276-132-3　C0034　Printed in Japan